形体塑造与训练探索

杨 倩◎著

中国戏剧出版社
CHINA THEATRE PRESS

图书在版编目（CIP）数据

形体塑造与训练探索 / 杨倩著． -- 北京 ：中国戏剧出版社，2024. 11. -- ISBN 978-7-104-05597-6

Ⅰ．G831.3

中国国家版本馆CIP数据核字第2024U3Y326号

形体塑造与训练探索

责任编辑：肖　楠
项目统筹：李　静
责任印制：冯志强

出版发行：	中国戏剧出版社
出 版 人：	樊国宾
社　　址：	北京市西城区天宁寺前街2号国家音乐产业基地L座
邮　　编：	100055
网　　址：	www.theatrebook.cn
电　　话：	010-63385980（总编室）　　010-63381560（发行部）
传　　真：	010-63381560

读者服务：	010-63381560
邮购地址：	北京市西城区天宁寺前街2号国家音乐产业基地L座

印　　刷：	廊坊市印艺阁数字科技有限公司
开　　本：	787mm×1092mm　1/16
印　　张：	10.75
字　　数：	215千字
版　　次：	2024年11月　北京第1版第1次印刷
书　　号：	ISBN 978-7-104-05597-6
定　　价：	66.00元

版权专有，违者必究；如有质量问题，请与出版社联系调换。

前言

形体塑造也叫作体态塑造或者身体塑造,是一种通过运动、饮食、睡眠等多方面的调整,使人的身体达到更好状态的过程。这个过程包括肌肉的塑造、体脂的调整、骨骼的矫正等多个方面。形体塑造不仅仅是外表的改变,更是生活态度和生活质量的提升。

形体塑造的应用领域广泛,涉及健康、体育、美容、娱乐等多个方面:第一,形体塑造作为一种健康生活策略,可以帮助人们维持和提高自身的身体健康水平,预防疾病;第二,在专业体育训练中,运动员会通过形体塑造提高自己的运动性能,包括力量、速度、耐力、灵活性等方面的提升;第三,在美容与时尚领域,形体塑造可以帮助人们改善体形,达到美观的目的,符合当代审美标准;第四,对于那些经历过伤病的人来说,形体塑造可以作为康复过程的一部分,帮助他们恢复正常的身体功能;第五,演员、模特等娱乐行业从业者需要保持良好的形体状态,以适应不同角色的需求,形体塑造在这里发挥着重要作用;第六,随着年龄的增长,老年人的骨骼和肌肉会逐渐退化,形体塑造可以帮助他们保持活力,延缓衰老;第七,对于孕产妇来说,适当的形体塑造可以帮助她们更好地适应孕期和产后的身体变化,促进身体恢复。

对于个人来说,良好的身体状态可以预防各种疾病,如心血管疾病、糖尿病等。同时,适当的运动能够提高免疫力,使人更有活力。当一个人的身体达到理想状态时,通常会感到更自信,这能对一个人的社交、工作甚至整个生活产生积极影响。

对于社会来说,一个健康、活力四射的社会,其经济发展、文化创新等方面都会更有活力。形体塑造的理念和方法可以作为一种教育内容,让更多人了解并实践健康的生活方式。

形体塑造的训练方法随着科学研究和技术革新的不断发展,目前取得了多方面的进展。基于人体解剖学、运动生理学等科学知识,形体塑造训练方法越来越注重个体差异和科学性,它通过精确地测试和评估为每个人定制训练计划。功能性训练强调与日常生活中的动作模式相结合,提高人体的功能性和运动效率,如采用多关节、多平面的动作来进行全身性训练。高强度间歇训练模式（HIIT）以短时间内的高强度爆发性运动和较短的休息时间交替进行来有效提升人的心肺功能和加速脂肪燃烧。在线健身平台和应用程序（App）的兴起，提供了丰富的视频教程和互动课程，使得形体塑造训练更加便捷和普及。形体塑造训练开始融合物理治疗、营养学、心理学等多个学科的知识，以形成一个全面的健康管理体系。随着人们对健康和美容需求的不断提高，形体塑造训练也在向个性化和定制化方向发展，以满足不同人群的特殊需求。这些发展说明形体塑造训练方法正逐渐从单一的体能训练转变为多元化、综合性的健康管理方式，更加注重个性化和长期性的身体健康。

本书共五章，第一章为形体塑造训练及生理学基础，主要阐述了四个方面的内容，分别是形体训练概述、形体训练的不同内容、男性形体塑造及生理学基础、女性形体塑造及生理学基础。第二章为特殊体型体态人群健身训练处方，主要从四个方面展开论述，分别是极端体型人群健身训练处方，矮小及欠佳体型人群健身规律及训练处方，塑形、增高、减脂人群健身训练处方，表演专业人群健身训练处方。第三章为形体礼仪与应用，主要从形体礼仪与礼仪姿态训练、形体在社交礼仪中的应用、形体在酒店接待及商务礼仪中的应用三个方面展开论述。第四章为表演专业形体塑造训练，分别从表演专业形体训练基础、舞蹈演员形体塑造与训练、戏剧演员形体塑造与训练三个方面展开论述。第五章为高校形体塑造与训练，主要从两个方面展开论述，分别是高校形体训练的体型与姿态训练、高校形体训练的健美操训练。

本书综合了理论研究和实践指导，以及跨学科的研究方法；借鉴了多领域的学术研究成果，力求为读者提供全面而有深度的形体塑造和训练知识。

在撰写本书的过程中，笔者参考了大量的学术文献，得到了许多专家学者的帮助，在此表示真诚感谢。本书内容系统全面，论述条理清晰、深入浅出，但由于笔者水平有限，书中难免有疏漏之处，希望广大同行及时指正。

杨 倩

2023 年 10 月

目 录
CONTENTS

前 言 ……………………………………………………………………………… 1

第一章 形体塑造训练及生理学基础 ………………………………………… 001
  第一节 形体训练概述 ……………………………………………………… 002
  第二节 形体训练的不同内容 ……………………………………………… 008
  第三节 男性形体塑造及生理学基础 ……………………………………… 024
  第四节 女性形体塑造及生理学基础 ……………………………………… 042

第二章 特殊体型体态人群健身训练处方 ………………………………… 048
  第一节 极端体型人群健身训练处方 ……………………………………… 049
  第二节 矮小及欠佳体型人群健身规律及训练处方 ……………………… 052
  第三节 塑形、增高、减脂人群健身训练处方 …………………………… 055
  第四节 表演专业人群健身训练处方 ……………………………………… 057

第三章 形体礼仪与应用 …………………………………………………… 063
  第一节 形体礼仪与礼仪姿态训练 ………………………………………… 064
  第二节 形体在社交礼仪中的应用 ………………………………………… 079
  第三节 形体在酒店接待及商务礼仪中的应用 …………………………… 089

第四章　表演专业形体塑造训练 ·· 105
第一节　表演专业形体训练基础 ··· 106
第二节　舞蹈演员形体塑造与训练 ·· 110
第三节　戏剧演员形体塑造与训练 ·· 112

第五章　高校形体塑造与训练 ·· 133
第一节　高校形体训练的体型与姿态训练 ································· 134
第二节　高校形体训练的健美操训练 ······································· 143

参考文献 ·· 159

第一章　形体塑造训练及生理学基础

本章的主题是形体塑造训练及生理学基础,将从以下四个方面展开分析:形体训练概述、形体训练的不同内容、男性形体塑造及生理学基础、女性形体塑造及生理学基础。

第一节　形体训练概述

长期以来，人们一直追寻、探讨人体独特的美丽之处，不断探索并运用各种方法来提升形体的美感。这促使了一个新学科的出现——形体训练。形体训练是通过有计划和有目的的徒手或器械练习来改善自己的体型、训练更优美的仪态和培养更好的气质的过程。它的目的是将形体打造成符合社会对外貌审美期望的模样。什么样的人才能被认为是最美的？通常情况下，人们会将一个人的美分为两个方面，即外在美和内在美。外在美指的是形体展露的姿态、各个身体部位在静态和动态状态下所显现的美感。外在美也被称为形体美。内在美是指一个人的品德、修养、举止和言谈等方面所展现出来的美好之处。在现实生活中，要实现内在美和外在美的完美结合可谓十分具有挑战性，也正因为这个原因，人们才持续地寻求和探索美。在日常生活中，人们更倾向于塑造外在美，因为它是可以通过各种方法实现的，而且容易被看到。

一、形体美的概念与标准

（一）形体美的概念

形体美是根据社会认可的标准来评定一个人的体型、体态、仪态、气质等方面的综合表现。它体现了社会的审美标准。现代社会对形体美的要求包括拥有健康的体魄、强壮的体格、优美的姿态、自信的风度和高雅的气质，这些都是外在美的重要特征。

维持身体健康是塑造形体美的重要因素。只有保持良好的健康状况，才能体现出身材匀称、线条优美的外观，表现出生气勃勃、精力充沛、生命力旺盛的形体美。

要想拥有形体美，首先需要有一个优美的体型。体型是对一个人在外形上的特点以及体格类型的描述。遗传因素虽然对体型有影响，但通过日后的运动锻炼也可以改变体型。

形体美的魅力主要展现在优雅的姿态上。它指的是人体在静止或运动中展示出来的各种姿势和形态，还包括神态等方面的美感。姿态美属于形体美的一种，在人们的站立、坐下、行走、运动等基本动作中都能够体现出来。因此，一直以来人们都在追求拥有优雅的姿态。

形体美作为气质的核心，体现了一个人的修养，它是一个人品格、个性、气度和风格的完美体现,涵盖了其所有的优良品质。只有兼具内在美和外在美的人才能称得上是有高雅气质的人。气质是通过不断追求和吸取美好的事物而培养出来的。只有通过积极学习、修炼心灵、不断完善自我,才能塑造出高贵品质和文雅气质,从而让形体美的魅力更好地展现出来。

形体美的标准因时代、文化程度、社会经历、职业、性别、年龄和民族等因素的不同而有很大差异,人们对美的看法因人而异、因时而异、因事而异,因此并无统一的标准。结合我国人群的体质和体型的现状,形体美的基本标准如下:

一是体型。骨骼发育正常,关节不显粗大突出;肌肉均匀,皮下脂肪适当;五官端正,头部与躯干配合协调;双肩对称,男宽女圆;脊柱正看垂直,侧看曲度正常;男性胸廓隆起,呈倒三角形;女性胸廓丰满,曲线明显;腰细而结实,微呈圆柱形;腹部扁平,男性腹肌垒块隐现;臀部圆润;腿修长,双腿能并拢,肌肉线条柔和,小腿腓肠肌稍突出;足弓高。

二是体态。立:抬头挺胸,收颌立颈,沉肩拎腰,收腹提气,夹臀并腿,闭唇微笑。走:肩松弛,摆臂自然,腰胯配合协调,步履轻盈,直线平移。坐:上体自然挺直,双腿摆放得当,优雅端庄。动:动作轻盈柔美,举止得体,衣着雅致。[①]

(二)女性形体美的标准

受到身体结构、生理机能和心理等因素的影响,一般情况下,女性更能够展现出形体美。女性的形体美包括曲线美和姿态美。

1. 女性曲线美

根据当今社会评价女性形体美的标准知,女性身形应该呈现"S"形曲线。身材比例协调、线条流畅、富有韵味,既不过胖也不过瘦。

女性身体曲线之美的主要标志在于胸部轮廓的丰盈和挺拔。乳房需要胸肌的支撑,以保持其丰满且富有弹性,从而塑造出理想的胸部线条。乳房过度肥大、松弛或下垂会影响女性形体美的展现。

拥有平坦结实的腹部和纤细的腰部的女性通常更能展现出迷人的曲线特征。腰腹部是一个敏感且开放的区域,它连接着上半身和下半身,具有曲线优美的特点。女性借助腰部和腹部的动作,可以展现出充满魅力的"S"形曲线。因此,腰腹部不仅要苗条,还应该略微呈椭圆形,从正面看应该是扁圆的。如果腰腹部蓄积了过多的皮下脂肪,可能会让人看起来笨重、臃肿,而原本的优美曲线也会因此消失不见。

---

① 梁胜男:《浅析什么是形体美》,《读与写》2019年第13期,第1页。

丰盈饱满的臀部同样是曲线美的象征。臀部之美在于其优美的线条、圆润的弧度、富有弹性且丰满的外观，还有在运动中展现出来的摇曳的律动美。肥大、瘦小、瘪陷下垂的臀部都有损于形体美。国际上公认，"美女"的腰围与臀围之比应为 0.7。这能让曲线更为突出，形体更富有魅力。[①]

修长、丰盈、柔润的四肢是形体美不可缺少的一部分。研究表明，理想的腿形是腿部应略长于躯干，大腿丰而短，小腿劲而长。双腿并拢时，双腿间只有大腿中部、膝关节、小腿肚和脚跟四点接触。丰隆有致、健康匀称的腿形是展示女性柔媚、含蓄、高贵的依托。

2. 优美典雅的姿态

姿态是评价女性美丽的另一把标尺。姿态往往会在不经意间透露出一个人的动感美、风度、气质、修养、韵味等，它是人们形象定位的基础。姿态包括了站、走、坐、蹲、表情、肢体动作。美的姿态传递着自信、友好、热情的信息，显示出高雅庄重的良好风范。风姿绰约、妩媚动人、活泼大方、稳重善良、摇曳生姿、轻盈柔美、仪态万方、淡雅脱俗等词语都很好地描述了姿态所展现的美。然而要想把这些赞美之词归于一身，不仅需要苦练姿态外功，同时还需要苦练文化内功。只有内外皆秀，才能在张弛有度中、在理性与感性交融中显示出特殊的女性韵味。

（三）男性形体美的标准

男性的形体美用一个词——"雄健"就能够很好地概括。目前对男性形体的要求是身高适中、身材匀称、小腿修长、围大体壮、体脂较少、肌肉发达、整体呈倒三角形体型。因此，男性要多进行胸、背、肩的训练，使胸背丰厚、肩膀宽阔，给人以强壮有力的感觉。同时在体态上，男性应更多地表现出阳刚、粗犷、果断的特征。

二、形体训练的目的、任务和要求

（一）形体训练的目的

随着旅游业的蓬勃发展，消费者对高品质服务的需求促使企业家提出了更高的标准来对从业者的形体和仪态方面作出要求。为此，我们需要根据每个从业者的特点，进行定制化的形体训练来培养从业者良好的形体和体态，提升他们欣赏和展现形体美的能力。

---

① 张丽波：《女性形体美与模特形体评价标准》，《戏剧之家》2015 年第 2 期，第 125 页。

（二）形体训练的任务

1. 对身体进行全面训练，塑造优美形体

在青春期，身体的各部位都会快速发育，这一时期对于人的身体成长至关重要，同时也是塑造优美形体的黄金时期。在这个阶段，身体的各个部位都会发生很大变化，并且具有很强的适应能力。因此，科学安排训练日程，进行涵盖全身的综合性训练，能促进身体各部位的均衡发展，有利于实现塑造理想体型的目标。

2. 掌握形体训练的基本知识

塑造和保持优美的身姿和仪态需要持之以恒地练习。因此，了解形体训练的核心原则、学习科学的形体训练知识及技巧、培养定期锻炼身体的习惯是形体训练的重要任务。

3. 培养良好的职业道德观

形体训练与美感息息相关，练习者通过训练可以表现出优雅的动作和令人赏心悦目的气质。然而，单纯注重外在美是不够的，只有外在美与内在品质完美融合，才能展现出优雅高贵的美丽。因此，在教学过程中需要重视培养学生讲究礼仪、遵守规章制度、爱护环境、珍惜公共财产、乐于助人等社会公德习惯，同时提倡热爱工作、勤勉敬业、诚实守信、热情服务等职业道德观，从而使学生的内在修养与外在形象完美结合，为将来进入社会打下坚实的职业道德基础。

4. 加强审美意识，树立正确的审美观

审美是人的精神生活需要，审美意识是人对客观存在的美丑属性的反映，它包括人的审美感觉、认识、感情、经验、趣味、观点和理想等。可以说生活中美无处不在，发现、感受、评价和欣赏美是每个人都应具备的能力。形体训练要根据它特殊的教学内容及对美的追求，在教学中通过一定方式、器械及动作组合等，培养练习者正确的、健康的审美情趣，使之准确辨别美、区别美的程度，鉴别美的种类，发掘美的本质，在练习中不断加强审美意识锻炼，树立正确的审美观，提高欣赏、感受、表现和创造美的能力。

（三）形体训练的要求

为了更好地达到和完成形体训练的目的和任务，练习者参加训练时要求做到：

1. 对个人基本情况要全面掌握

形体训练旨在通过个性化的身体形态训练来提升人的体型体态的美感，因此在开始训练前，练习者需要充分了解自己的身体状况，包括外形特征和协调能力等方面，以便更好地根据自身情况来进行练习，并在完成每个训练任务的同时不断改善个人形象。

2. 必须遵循循序渐进的规律

所有的学习，不管是学习知识还是实践技能，都会有一个逐渐深入的过程，形体训练亦然。优雅的姿态取决于基本的站立、行走、坐下等简单动作的优雅展现，而这些动作的展现情况则取决于身体骨骼、肌肉和各个关节的支撑。要实现塑造优美形体这个目标，练习者需要充分认识到基础训练的重要性，要从提高身体素质、练习基本动作开始，逐步改善体型体态。

3. 坚持课外练习

要改变一个长期养成的动作习惯，光靠一两次课或者靠课上练习来达到改变的目的是不可能的。课堂训练只是达到和完成形体训练目的、任务的一个重要环节。要想改变自己不良的身体形态，必须把训练渗透到个人生活中。练习者应在课余时间按照已掌握的练习方法积极地进行练习，这样收效才快。

4. 要有良好的心理素质

形体训练的过程是一个客观认识自我、改变自我，获取如何展现自己的能力及建立、培养和巩固自信心的教学过程。在练习时每个人都将面临来自不同方面（体态状况、掌握动作快慢、表现力等）的比较及评价，为此练习者需要保持良好的心态来面对自己的不足，要正确评价自己，不断提高、改善动作质量，树立自信，在教学过程中要以良好的心态接受来自教师、同学、环境及动作等对自身心理和身体的考验。

三、形体训练的作用

（一）改善体型体态

自古以来，人们就比较注重体型体态，对于健壮有力、英俊潇洒、优雅动人等身体形态都有不同程度的赞美。构成人的体型的组织主要有骨骼、关节和肌肉。一个人的体型受到身体各部位的比例协调、平衡和和谐度，以及肌肉线条的优美程度的影响。而整个身体及各主要部位的姿态是否端庄优美，又决定了一个人的体态是否优良，同时体态的好坏也可能影响到某些骨骼是否能正常生长发育，如脊柱。

形体训练之所以受到许多人的欢迎，就在于它能够对身体的生长发育产生积极影响，能够有助于骨骼和肌肉的增长，能够提升身体的比例和各部位之间的协调性。通过系统的、有目的性的身体锻炼，练习者可以减少肌肉中的脂肪含量，从而达到减肥瘦身的目的，更好地改善体型，使其更加丰满、流畅、充满魅力。同时，由于形体训练有许多伸展性的练习，它能使关节囊、韧带和关节周围肌肉群的伸展性增大，从而提升关节的灵活性、增强肌肉的弹性、增加结缔组织的弹性。青少年通过持续锻炼肌肉、骨骼、关节和韧带，可以使骨骼软骨发育得更好，有助于达到增长身高的目的，使骨骼更结实，有助于提高骨骼的抗折、抗压和抗扭性能。另外，定期进行正确的身体动作训练，可以纠正人们不良的体态问题，养成良好的体态习惯，从而改善人们的体型和仪态。

（二）培养高雅气质和风度

气质是人在行为中展现出的特殊而稳定的心理特性，既包含外在魅力又兼具内在美感。风度是指一个人在言谈、举止和态度等方面优雅得体的表现。它们并不会随着时间的推移而消失，而是在人们日常生活的一举一动中得以体现。气质和风度在男女之间的表现形式又有所不同，男性表现为阳刚、粗犷、果断、稳重、含蓄、潇洒大度；女性表现为慧美、典雅、婉约、恬静、温柔、善解人意。

通过参与形体训练，我们能够塑造健康的体态，同时可以在体态训练中培养出优雅的气质和从容的举止。体态训练不仅可以使人的身体外观维持静态和动态之美的独特性，同时还在不知不觉中影响和净化着人的内心。优雅的举止通过日久的练习会逐渐融入生命中。亚洲很有魅力的女性羽西曾说过：懂得了什么是正确的体态后，加以练习，直到有一天，不管出入任何场合，都不用在意怎么坐、怎么站、怎么做某些动作。因为行为已经完全自如了，优雅大方的动作已成为自己气质的一部分。由此可以看出，高雅的气质和潇洒的风度是可以通过体态训练获得的。当然，体态只是气质和风度的外在表现和依托，气质和风度的养成只有通过内外兼修才能达到。

（三）增强体质

形体训练有益于人体心血管、呼吸、消化和运动系统等重要内脏器官的健康运作。经常进行锻炼可以帮助人体的心脏变得更强健，因为锻炼能增大心腔容量，改善血管弹性，增加心脏排出的血液量，增强供血能力，从而提升心脏的收缩力和血管的舒张能力，使心脏搏动更加有力。这可以为大脑提供充足的养分和能量，从而增强人的思维能力。同时由于身体的运动，体内的需氧量增加，人的呼吸深度被迫加深，这增加了每次呼吸时的气体交换量，使呼吸系统的气体储备量增多，呼吸系统的机能得到改善。此外，适量的体育锻炼有助于刺激肠道蠕动，加快消化进程，促进营养的吸收和利用，改善身体的营养状况，加快新陈代谢速度，并提高身体抵抗疾病的能力。还可以促进循环系统的运作，增加供氧，提高营养物质到达全身细胞的速度，从而改善新陈代谢、减少脂肪堆积、延缓血管老化，对身体健康大有裨益。

形体训练具有静止性、连续性、协调性、节律性和艺术性等特点，因此，在训练过程中，人体的中枢神经系统必须做到高度协调与配合。这种训练有助于加强神经系统的强度和专注能力，提升神经系统的平衡和灵活性，有助于拓宽视野、加强感知能力、提高综合分析水平、有效改善神经系统功能。总的来说，这种训练可以增强人体对不同环境的适应能力。

形体训练中反复变化动作的方向、路径、速度、类型和强度等，可以增强人体的动作记忆和再现能力。另外，进行训练还有助于增强身体的耐力和肌肉的抗疲劳能力，从而全面提高个人的体能素质，包括协调性、耐力、反应速度、柔韧性和力量等。此外，锻炼时应配有音乐。动听的乐曲、优雅的舞姿，有助于激发情感、陶冶心灵，令身心得到全面的放松。在这种环境中进行运动，不仅可以提升音乐感和舞蹈感，还有助于提高个人对美的感知能力和欣赏能力，以及创造美的能力，对提升个人精神面貌和气质有很好的效果。

第二节 形体训练的不同内容

一、体型训练

体型是指人体的外形特征与体格类型。遗传因素虽然可以塑造个体的身体形态，导致男女之间存在差异，且随着年龄增长而变化，但后天的训练可以对这种情况进行修正和改善。优越的遗传因素有助于身体健美的发展，而良好的后天训练则是塑造健美体型的关键，也是身体健美的主要原因。

（一）体型

1. 体型的构成

体型是由身体的各项指数（如身高、体重）和各部分的比例关系（如坐高、腿长、胸围等）以及人体解剖结构形成的外观特征构成的。它的实质是人体内肌肉、骨骼、脂肪的含量和分布状况。因此，调整体型就是改善肌肉、骨骼和脂肪的总体积和总重量，或改善各局部的比例。虽然通过训练可适当改变体型外貌，但是相对来说遗传因素起着决定性的作用。

决定体型的主要阶段在少儿时期，一旦进入青壮年，骨骼的发育就已基本定型，调整体型已不可能寄希望于增加四肢和身体的长度，只能靠改善肌肉的成分、增加肌肉的围度、调整肌肉与脂肪的比例关系来改善体型。

通常人们把体型分为肥胖型、瘦长型和运动型。其特征如下：

（1）肥胖型

身体肥硕，中等身材，颈部粗短，胸廓宽大，腹部发达，腰围大，四肢短小，肤色滋润，肌肉和骨骼软弱，肩窄而躯干粗，头发易落，运动机能较差。

（2）瘦长型

身体各部位较长，但围度、厚度、宽度各指标较小，头小鼻梁高，胸多扁平，皮肤苍白，骨骼和肌肉纤细，皮下脂肪较差，眉毛和头发生长良好。

（3）运动型

身材中等，肌肉骨骼隆起，颈长而粗，肩宽，胸部发育良好，下腹扁平，腰部较细，四肢粗大，肤色良好，全身发育匀称。

2. 测量评定方法

体型美是每一个人，尤其是年轻人所向往和追求的。尽管随着时代的变化，体型美的标准不尽相同，但现代人对美的体型已有共识，那就是必须建立在健康的基础上，只有健康，才有美。

一般而言，可以用下列公式来判断自己的体重是否在标准范围之内。

理想体重（千克）= 身高（厘米）-105（男性）

理想体重（千克）= 身高（厘米）-105-2.5（女性）

实际体重与理想体重差距在10%左右为正常，在10%~20%为过重，大于20%为肥胖，小于10%为消瘦。

评定男性体型美的公式：

胸围（厘米）/ 身高（厘米）=0.53。

腰围与臀围之比为0.7~0.8。

臀围比胸围多4厘米。

颈围与小腿围相当。

测量方法：

胸围：于腋下沿胸部上方最丰满处测量胸围。

腰围：通常情况下，量腰的最细部位（一般情况下先吐口气再量腰围，不过不要缩着肚子）。

臀围：量体前耻骨平行于臀部的最大部位。

大腿围：量大腿的最上部位，臀折线下。

小腿围：量小腿的最丰满处。

上臂围：量肩关节与肘关节之间的中部。

颈围：量颈的中部最细处。

女性理想体型的身高与三围的比例关系：

胸围（厘米）= 身高（厘米）× 0.535

腰围（厘米）= 身高（厘米）× 0.365

臀围（厘米）= 身高（厘米）× 0.565

实际测量得出的数据与标准指数 ±3 厘米均属于标准体型，小于 5 厘米，说明过于苗条（偏瘦），大于 5 厘米，说明过于丰满（偏胖）。生活中女性的美在于围度而不在于胖瘦，完美的体型有一定的围度范围。简单地说，胸围约与臀围相等，但腰围比臀围少 25～30 厘米，肩围比臀围多 10 厘米，如果偏差过大，要么体型就会过于丰满，要么就会风韵尽失。[①]

测量方法：

胸围：皮尺后面置于肩胛骨下角处测量。

腰围：身体直立，两臂自然下垂，不要收腹，呼吸保持平稳，皮尺水平放在髋骨上，测量肋骨下方最窄的部位（腰最细的部位）。

臀围：两腿并拢站立，两臂自然下垂，皮尺水平放在前面的耻骨联合和背后臀大肌最凸处测量。

（二）改变体型的方法

人一旦进入青壮年，骨骼的发育就已经基本定型，调整体型已不能寄希望于增加四肢和身体的长度，只能通过改善肌肉的成分、增加肌肉的围度、调整肌肉与脂肪的比例关系来调节身体各部分的比例从而达到改善体型的目的。因此，在选择训练方法时，我们可以根据不同的身体部位或者不同体型来选择不同的训练方法。

一是增加肌肉，促使身体增加脂肪，使消瘦处丰满起来。

二是增加肌肉，同时消耗脂肪，使肥胖处瘦下去。

---

① 吴会东：《人体健康力科学提升之道》，中国中医药出版社 2019 年版，第 105 页。

三是用局部肌肉的运动压挤脂肪层，使局部松弛的皮下脂肪紧缩起来。

四是拉伸肌肉，改变肌肉的形状，使肌肉线条符合体型要求。

（三）柔韧与体型的关系

柔韧是指肌肉、韧带的弹性和关节活动范围及灵活性。柔韧素质与关节的骨结构和关节周围软组织的体积及皮肤的伸长性有关。因每个人的先天身体条件不同，柔韧的素质也有所不同。通过锻炼每个人都能在自己的条件下进一步提高关节的灵活性，发挥关节周围软组织功能以及加强肌肉、韧带、肌腱的伸展性，这对充分表现身体各部位的动作幅度、提高动作的美感和质量、塑造良好的体型都会有显而易见的效果。

柔韧训练又被称为伸展运动，它包括肩、腰、髋、腿4个部分的运动。肩部的灵活性在于胸锁关节和肩锁关节的柔韧程度。肩关节是典型的球窝关节，能做屈伸、外展内收、外旋、内旋等运动，还能做水平屈伸和环转运动。肩关节的灵活性直接影响着胸、背的舒展程度。腰部是女性最关注的部位，也是展现女性身体曲线和柔美的重要部位。自古"杨柳腰"就不只是取其纤细之意，还有强调随风舞动、婀娜柔软之意。腰部的充分拉伸不仅能防止生理病痛，同时也能提高女性高贵优雅的气质。髋部是躯干与下肢的连接部分，髋关节能进行屈伸、展收、回旋、水平屈伸和环绕运动。人体站立和坐着时，髋部动作决定了上体动作的方向，因此，髋部的灵活性和位置对体态的完美起到了决定性作用。腿部是支撑身体重量的主要部位，腿部的柔韧性对人体保持优雅的行走、腿部各肌群的外观协调和站立姿态能提供最有力的支持。

经常进行柔韧训练能使身体各部分的韧带拉长，使僵硬、紧绷的肌肉得到松弛；能使各关节的运动幅度得到扩展，减少运动损伤；还能避免脂肪过量地在肌肉上堆积；对预防和矫正不良体态，防止生理病痛也有着重要功效。它是形体美的关键所在，直接会影响体型的塑造。

二、体态训练

体态训练是对身体进行各种辅助练习，使之能灵活运用，从而达到传情达意、给人美感的目的。体态训练内容丰富，涵盖了正确的站立形态，人体方向，动作姿态，身体各部分速度、幅度、动作稳定性、灵活度、肌肉的力量等方面，是一个综合性的训练。

（一）基本功

1. 人体面和空间点的训练

所谓点、面，是指人体与空间形成的关系。为了在训练中能更准确地找到人体形态所处的位置，要先对空间作分割，把空间分为若干个面和多个点，这些点、面都是以人自身为参照物来确定的。人体呈立正姿势，脸对的面为正面，手为侧面，背为后面，以此类推。点是以人体四周的空间顺时针方向每隔45度角为一个点，以正前方为1点，以此类推，共8个点。

点、面的确定为训练者用自身形体的面，积极与点发生联系提供了可操作性，它调动了人体的主动性，形成了明确、统一的动作形态，使人体动态更准确、生动。

2. 脚位

在姿态训练中，首先应从脚的位置入手，因为它是在保持良好站姿的同时解决如何变换重心、保持方向等问题的关键，它贯穿于动作的始终。在姿态训练中，当人站在一个脚的位置上时，身体就不是在自然状态下，而是处在形体训练中所需要的规格和位置上，如"丁"字位、正位、开位、交叉位等。在脚位训练中，正位和开位的训练非常重要，它们有利于腿型的塑造，可以使学生尽快改变自然状态，使训练更加有效。无论哪种站法，都要注意膝盖和脚趾的关系，一般膝盖的方向与自己的脚面、脚趾在一个方向，否则，容易影响肌肉形状发育，使肌肉受到损伤。

（1）脚的位置

①正位。两脚靠紧，脚尖与膝盖垂直，面向一点。

②"八"字位。两脚跟相靠，两脚尖打开45度。在"八"字位基础上向旁移出一定距离为大"八"字位。

③"丁"字位。一脚的脚跟抵在另一脚的足弓处，形成"丁"字形，脚尖朝斜前方。

④踏步。（以左脚为例）右脚在左脚后用脚掌踏地，也可绷脚尖点地。

⑤芭蕾脚位。分一位、二位、三位、四位、五位。

一位：两脚跟并拢，两脚尖向外侧打开180度，呈"一"字形。

二位：在一位脚的基础上，一脚向旁移出，两脚保持一条直线，两脚跟相距一脚。

三位：两脚尖向外侧打开，前脚与后脚内侧重叠一半站立。

四位：两脚尖向外侧打开，两脚平行，前脚尖与后脚跟呈一直线，两脚间距约一脚。

五位：两脚尖向外侧打开，两脚前后重叠平行相靠。

（2）动作要求

所有的站立姿势都要保持身体挺拔，两腿夹紧，收臀，收腹，立腰，挺胸，抬头，肩部放松，后背舒展，往外扩背，胯部上提，膝盖伸直，脚往下踩，脚趾分开像爪子一样抓紧地面。

3. 手位

手位在形体的训练中作用是非常大的。它不仅可以表现各种风格，还可以在完成动作技巧时起到平衡和协调作用。手位训练包括手指、手腕和手形的训练。在动作中，它的形态、形象和动作最富有细腻感和感情色彩。手的位置不仅标志着各种特征，而且构成了一个动作的基础架子。在进行手位训练时，要特别强调手位的规范、准确、细致，强调它与整个身体的协调配合。

（1）兰花指

五指分开，中指下压，大拇指和中指靠拢，形成兰花状，我们把这样的手指形状称为兰花指。

（2）拳

五指全屈握紧，大拇指捏食指。

（3）芭蕾手位

①一位。两臂于体前呈弧形，掌心向内，指尖相对，手臂稍离开身体。
②二位。两臂前举至身体的胃部，手臂呈弧形，掌心向内，指尖相对。
③三位。两臂呈弧形，上举至头前上方，掌心相对。
④四位。两臂呈弧形，一臂上举，掌心向内；另一臂前举，掌心向内。
⑤五位。一臂上举，掌心向内；另一臂侧举，掌心向前，两臂呈弧形。
⑥六位。一臂侧举，掌心向前；另一臂前举，掌心向内，两臂呈弧形。
⑦七位。两臂呈弧形侧举，掌心向前。

（4）动作要求

芭蕾手臂的7个基本位置动作，一定要做到部位准确，手臂始终保持弧形。身体要挺拔，肩部要放松，抬头时，眼随手看，头部要随手臂的运动方向有规律地转动，身体姿势按站立动作的要求保持。

4. 擦地

擦地是腿部训练中的基础动作，它能训练脚背、脚踝的力量、软度、灵活性和控制能力。擦地可向前、向侧、向后做。

（1）预备姿势

站一位或五位脚准备。

（2）动作要领

主力腿直立，保持重心，动力腿向前、向侧或向后擦出，脚跟往前顶，用全脚擦地，经脚掌、脚趾伸向远处，脚尖与主力腿脚跟呈一条直线。动力腿伸直，胯部要正。收回时，膝盖保持伸直，脚尖沿原路线经脚掌到全脚擦地收回。

（3）动作要求

第一，保持膝、胯正直，重心始终在主力腿上。

第二，动力腿向前擦出时，绷脚尖，脚后跟向前顶；向侧擦出时，膝盖、脚面向侧顶；向后擦出时脚尖带动外展擦出，脚跟前顶。

第三，擦地和收回时，脚尖始终不离开地面，同时保持正确的身体姿势。

5. 下蹲

下蹲是两腿屈伸的动作，可以使腿部肌肉力量得到发展，尤其是踝、膝关节的力量和柔韧性能够为单跳和各种控制打下良好的基础。下蹲分为半蹲和全蹲。

（1）预备姿势

可按各种脚位姿势站立进行。

（2）动作要领

两膝尽量外开，保持后背直立，缓缓向下蹲，全脚踩紧地面，下蹲到最大限度即半蹲位。随后以脚腕和膝盖的力量将身体均匀推起呈直立状。当过半蹲时，脚后跟缓慢地稍微抬起，继续下蹲到最深处即全蹲位，随后脚跟徐徐着地，同时将身体缓缓推起呈直立状。

（3）动作要求

第一，上体正直，髋、膝和踝外展，重心始终保持在两腿中间。

第二，动作要求连贯、缓慢、有控制。

第三，腿部肌肉要保持对抗性。下蹲时腿要有阻力的感觉，直起时要有往下压的感觉。

第四，二位脚下蹲时，不起脚后跟。

6. 基本功组合练习

（1）手位和下蹲的练习

预备姿态：呈一位站姿，手一位，脚一位。

脚一位半蹲：手由一位、二位、三位、七位回到一位。

脚二位半蹲：手由一位、二位、三位、七位回到一位。

脚三位半蹲：手由一位、二位、三位、七位回到一位。

脚四位半蹲：手由一位、二位、三位、七位回到一位。
脚五位半蹲：手由一位、二位、三位、七位回到一位。

（2）手位和擦地组合练习

预备姿势：面向8点方向站立，呈一位脚站立。

①前擦地（2个八拍）。第1个八拍：

第1拍：右脚前擦地。

第2拍：脚收回。

第3至8拍：重复第1、2拍动作。

第2个八拍：重复第1个八拍动作。

②后擦地（2个八拍）。第1个八拍：

第1拍：右臂前六位手，同时左脚后擦地。

第2拍：脚收回。

第3至8拍：重复第1、2拍动作。

第2个八拍：动作同第1个八拍。

③左右脚侧擦地。第1个八拍：

第1拍：身体面向1点方向。右脚右侧擦地，七位手。

第2拍：右脚收回后，呈五位脚。

第3拍：左脚侧擦地。

第4拍：左脚收回后，呈五位脚。

第5至8拍：重复第1至4拍动作。

第2个八拍：动作同第1个八拍，但脚收回时呈前五位脚。

④侧擦地压脚跟。第1个八拍：

第1拍：右脚侧擦地。

第2拍：右脚后跟下压，让全脚掌着地，重心移到两脚间。

第3拍：重心移到左脚，右脚绷脚尖点地。

第4拍：右脚收回呈五位脚。

第5至8拍：动作同第1至4拍，但方向相反。

第2个八拍：动作同第1个八拍。身体转向2点方向，一位脚站，重复前面的动作。

⑤七位手练习。第1个八拍：

第1至2拍：二位手。

第3至4拍：三位手。

第 5 拍：四位手。

第 6 拍：五位手。

第 7 拍：六位手。

第 8 拍：经七位手后变成一位手。

第 2 个八拍：重复前述动作，但方向相反

（二）步态

1. 基本步伐

基本步伐一般用于连接动作，提高动作的协调性、韵律感和表现力，使动作表现更加活泼、多变、富有朝气。基本步伐包括柔软步、脚尖步、跑步、弹簧步、变换步、波尔卡步等。

（1）柔软步

动作要领：身体直立眼平视，一脚向前伸出，绷脚尖，脚外旋，随即柔软地从脚尖依次过渡到全脚掌，重心移至前脚上，两腿依次交替进行。在进行练习时还可以加上各种手臂练习。

（2）脚尖步

动作要领：前脚掌着地，高起踵，两手叉腰。左脚绷直向前伸出，腿外旋，脚背向外，左脚着地时膝关节伸直，身体重心随之前移，接着再换右脚做，两腿依次交替进行。脚尖步要求上体保持正直，收腹立腰，不要前倾、后仰，两脚跟尽量抬高。

（3）跑步

动作要领：在跑步时，应按水平方向前进，腿要很自然地向前迈出，并稍有腾空时间，脚尖绷直向下，每一步的幅度不宜过大，落地时用前脚掌过渡到全脚掌。

（4）弹簧步

动作要领：右脚向前一步（由脚尖先着地），落地时稍屈膝，重心在右脚上。然后右脚稍缓慢起踵（膝伸直），同时左腿向前下伸，手臂自然摆动。

（5）变换步

动作要领：自然站立，臂呈七位。第 1 拍：右脚向前做一个柔软步，重心移至右脚上，臂呈一位。第 2 拍：左脚并于右脚旁呈自然站立，同时臂呈一位。第 3 拍：右脚向前做一个柔软步，身体重心移至右腿上，左脚后点地，脚面向外，同时两臂呈左臂前六位手。

侧边换步做法同上，但出脚方向向里侧，第3拍手臂动作呈五位手；屈膝变换步做法动作相同，但后点地的腿不做后点地动作，而做屈膝前举动作，小腿与大腿呈钝角；后举腿的变换步做法相同，但后点地的腿不做后点地动作，而做后举；提踵变换步第2拍向前迈步后，由屈膝部位起踵，另一条腿后举。

①预备动作（16个三拍）。第1个三拍：右脚侧迈一步，脚尖点地，二位手。第2个三拍：三位手。第3个三拍：四位手。第4个三拍：两腿屈膝移动重心至右脚呈右侧弓步，五位手。第5至8个三拍：动作同前4个三拍，但方向相反。第9至16个三拍：动作同前8个三拍。

②前后变换步（8个三拍）。第1个三拍：左脚向前做变换步一次。第2个三拍：保持前动作的结束动作。第3至4个三拍：动作同前2个三拍，但方向相反。第5个三拍：左脚向后退做变换步一次。第6个三拍：保持第5个三拍的结束动作。第7至8个三拍：动作同第5、6个三拍，但方向相反。

③左右变换步（8个三拍）。第1个三拍：左脚侧迈一步，向左侧做变换步一次，手位由一位变成五位。第2个三拍：保持第1个三拍的结束动作。第3至4个三拍：动作同前2个三拍，但方向相反。第5至8个三拍：动作同前4个三拍。

④后举腿变换步（4个三拍）。第1至2个三拍：左脚侧迈一步，身体面向8点，右脚向8点迈一步，左脚接上一步，右腿后举，同时两臂呈六位手，左脚起踵。第3至4个三拍：动作同第1至2个三拍，但方向相反。

⑤下蹲（16个三拍）。第1个三拍：左脚落地，同时身体还原。两腿呈半蹲状，二位手。第2个三拍：三位手。第3个三拍：七位手。第4个三拍：两腿伸直，一位手。第5至16个三拍：重复第1至4个三拍动作，最后一拍收左脚呈站立姿势，一位手。

（6）波尔卡步

动作要领：自然站立，双手叉腰。第1拍：左脚向前迈一步，重心迅速移到左脚，左脚支撑小跳一次，右脚落地稍稍屈膝，同时左腿向前下伸。第2拍：左脚向前落下，重心移到左脚上。第3拍：右脚向前迈一步，重心迅速移到右脚，右脚小跳一次，左脚落地并稍屈膝，同时右腿向前下伸。第4拍：右脚向前落下，重心移到右脚上。

2. 摆胯

胯由骨盆、骨盆带和体积较大的肌肉群组成。一般来说，女子胯部脂肪比男子厚得多，胯应与臀部训练相结合，使身体更具曲线美。

（1）左（右）摆胯

动作要领：两脚开立，两膝呈微屈状态，两手叉腰，向左（右）斜上方摆胯。

（2）左（右）斜前摆胯

动作要领（以右斜前摆胯为例）：身体面向8点方向，右脚点地前微屈，重心在左脚上，左臂前平举，右臂侧平举，以右脚为轴，胯向右斜上方摆动。向斜上方用力摆动时，右膝伸直，然后回位。

（3）前（后）摆胯

动作要领：两脚开立，膝微屈，双手在头上互握，胯向前摆动。

（4）"∞"字摆胯

动作要领：两脚开立，膝微屈，两手叉腰，胯向左斜上方摆动，经左后绕至还原，接着跨向右斜上方摆动，经右后绕至还原。

（5）摆胯组合练习

预备姿势：两腿开立呈半蹲状，双手叉腰。

①向左向右摆胯（4个八拍）。第1个八拍：

第1拍：向左摆胯。

第2拍：胯还原。

第3至8拍：重复第1、2拍动作。

第2个八拍：动作同第1个八拍，但方向相反。

第3、4个八拍：动作同第1、2个八拍。

②左右连续摆胯（4个八拍）。第1个八拍：

第1拍：向左摆胯。

第2拍：向右摆胯。

第3至8拍：重复第1、2拍动作。

第2至4个八拍：重复第1个八拍动作。

③前后摆胯（4个八拍）。第1个八拍：

第1拍：胯向前送。

第2拍：胯向后送。

第3至8拍：重复第1、2拍动作。

第2至4个八拍：重复第1个八拍动作。

④前、左、后、右送胯（8个八拍）。第1个八拍：

第1拍：向前送胯。

第2拍：向左送胯。

第3拍：向后送胯。

第4拍：向右送胯。

第5至8拍：重复第1至4拍动作。

第2至8个八拍：重复第1个八拍动作。

⑤斜前摆胯（4个八拍）。第1个八拍：

第1拍：身体面向8点方向。两臂呈右臂斜上举、左臂前平举的印度舞手臂型。以右脚为主力腿，左脚侧点地，同时向左斜前方送胯一次。

第2至8拍：重复第1拍动作。

第2个八拍：身体面向8点方向，动作同第1个八拍，但方向相反。

第3至4个八拍：动作同第1、2个八拍。

⑥胯转动（8个八拍）。第1个八拍：

第1至2拍：双手叉腰，胯由左经前、右，向后转动一周。

第3至8拍：重复第1至2拍动作。

第2个八拍：动作同第1个八拍，但方向相反。

第3至8个八拍：重复第1、2个八拍动作。

⑦斜前斜后摆胯（8个八拍）。第1个八拍：

第1拍：右脚向前迈一步，微屈膝，双臂侧平举，同时向右斜前摆胯一次，右脚跟向外摆。

第2拍：胯还原。

第3至8拍：重复第1、2拍胯的动作。

第2个八拍：动作同第1个八拍。

第3至4个八拍：向左斜后摆胯，右脚跟向内摆。其他同第1个八拍。

第5至8个八拍：后转身让左脚前点地，重复第1至4个八拍的动作，但方向相反。

⑧向左右移动摆胯（2个八拍）。第1个八拍：

第1拍：身体面对8点方向，两臂呈右侧举、左上举，同时右脚侧迈一小步，向右送胯；接着左脚并右脚，胯还原。

第2至4拍：重复第1拍动作。

第5至8拍：重复第1至4拍动作，但反向相反。

第2个八拍：动作同第1个八拍。

3. 跳

（1）跳跃基础

跳跃是一个空中动作，是把地面姿态和一些动作放在空中完成，是地面动作的延伸。跳跃是由学生的自然弹跳能力、软度条件、协调性和空中意识的强弱来决定跳跃动作质量的好坏的。在训练中不仅要锻炼学生的弹跳能力，更要注意腾空时身体在空中需保持优美的姿态，强调腾空的美感和落地的轻盈准确。跳跃落地时要由脚尖落地过渡到全脚，注意脚的缓冲，并要有控制的半蹲。跳跃的种类很多，有原地、移动及加转体的跳，有垂直的、向远的和既高又远的跳，还有小、中、大跳之分。

小跳：局限于膝关节以下动作，在半蹲状态下进行，高度不高，离地约 2 厘米，其强调脚的动作的准确性。

中跳：在深蹲的状态下进行，胯部要参与动作，跳起时，身体垂直往上拔，头向上顶。

大跳：充分利用大腿的力量，在小跳、中跳的基础上，加上上身、手臂的力量在空中形成最为舒展的舞姿。

跳跃根据起跳和跳跃落地的方式可分为 4 种：双起双落、单起单落、双起单落、单起双落。

①双起双落（五位小跳）。动作要领：人呈五位站立，臂呈一位。屈膝呈半蹲，膝外展，两脚蹬地跳起，腾空后腿伸直，绷脚尖，头向上顶，脚向下伸。落地时脚尖先着地，依次过渡到全脚掌，屈膝缓冲后呈站立状。

②双跳单落。预备姿势：两脚呈左"丁"字步站立，双手背手。动作要领：腿呈半蹲状，往上跳起后，在空中前后分腿，使左腿前、右腿后上摆，右臂前平举，左臂侧举，落地时左脚先着地。

③单跳双落（前后分腿跳）。预备姿势：五位站立，左脚在后，臂呈一位。动作要领：右腿半蹲，左脚伸直向侧擦地踢出，随即右脚蹬地跳起。两脚落地呈五位站立，左脚在前。

④单跳单落。动作要领：右腿向侧上方摆腿，同时左脚蹬地向上跳起，两腿在空中左右分腿。右脚先落地，左腿屈膝，左脚摆至右腿后。

（2）常见的跳跃练习

预备姿势：呈一位站姿，七位手位。

一位小跳（1 个八拍），一拍一跳，结束时呈五位脚。

五位小跳（1 个八拍），一拍一跳，每跳一次左右脚前后交换一次。

单跳单落（2个八拍），一拍一跳，左右脚交替跳。结束时呈"丁"字步，一位手位。

重复前述动作。

双跳单落（2个八拍），二拍一跳，一个八拍后交换方向。

答谢动作（4个八拍）。

第1个八拍：向后走柔软步8步，双手后背。

第2个八拍：

第1至2拍：左脚侧一步，重心移至左脚，同时手臂由一位经二位至七位。

第3至4拍：右脚于左脚后脚尖点地，同时两臂收于体侧，两膝微屈，低头敬礼。

第5至8拍：动作同第1至4拍，但方向相反。

第3个八拍：向前走柔软步4步，双手后背。

第4个八拍：动作同第3个八拍。

4. 转体

转体动作要在身体平衡的基础上才能顺利进行。它是技巧性较高、难度较大的动作。它要求身体重心高度稳定，可在原地、移动和起跳加转体及配合各种舞姿进行，支撑腿的发力要从半蹲蹬直到起踵半脚尖立开始（支持地面接触面积越小越容易完成），并用头、肩、手臂来带动身体转体，保持身体纵轴与地面竖直，整个身体要收紧、直立，转体时眼睛看好固定目标，头先不转，当转体结束时，再做甩头动作。

（1）转体180度

预备姿势：八字位站立，两臂呈七位手。

动作要领：右脚向左前方上一步，双脚呈交叉站立。两脚起踵，以前脚掌为轴向左转体180度，同时两臂呈三位手，两脚呈八字步提踵立。

（2）上步平转360度

预备姿势：八字步，七位手。

动作要领：右脚向右侧迈一小步，前脚掌着地，接着左脚向右侧交叉上步的同时，以右前掌为轴，向右转体180度，两臂呈三位手。而后以左脚前脚掌为轴，向右转体180度，两臂向体侧打开呈七位手，两脚提踵立。

动作要点：身体与地面垂直，转体要平稳、连贯、圆滑。两臂侧打开时，带动身体转体。

（3）转体组合练习

预备姿势："八"字脚站。

①双脚立转（8个八拍）。第1个八拍：

第1至4拍：两臂经二位手至七位手。

第5至8拍：两臂经一位手至三位手，同时两腿经半蹲呈起踵立。

第2个八拍：

第1至4拍：左脚后退一步呈右弓步，两臂呈六位手。

第5至8拍：向左转体360度，同时右脚向左侧交叉迈一步，呈两脚起踵立，右脚在前，两臂七位手。

第3个八拍：

第1拍：右腿屈膝上抬，膝外展，右脚绷脚尖，接着右脚于左脚前着地。

第2拍：同第1拍，但方向相反。

第3至4拍：动作同第1、2拍。

第5至8拍：两臂经一位手至三位手，同时两腿经半蹲呈起踵立。

第4个八拍：动作同第2个八拍，但方向相反。

第5个八拍：动作同第3个八拍，但方向相反。

第6至8个八拍：动作同第1至3个八拍。

②控腿（8个八拍）。第1个八拍：

第1至2拍：左脚向前控腿，手臂二位手。

第3至4拍：左脚旁吸腿，半蹲，手臂一位手。

第5至8拍：左脚旁伸腿，手臂七位手。

第2个八拍：同第1个八拍。

第3个八拍：

第1至4拍：向右转体90度，左臂经下绕至三位手。

第5至8拍：右臂斜上举，左臂斜下举。

第4个八拍：

第1拍：做迎风展翅动作，支撑腿向后跳一次。

第2至4拍：重复第1拍动作。

第5至8拍：左脚于右脚前落地呈五位脚，两臂经一位手至三位手，同时两腿经半蹲呈起踵立。

第5至8个八拍：动作同第1至4个八拍，但方向相反。

③平转（8个八拍）。第1个八拍：

第1至2拍：右脚前点地，六位手。

第3至4拍：右脚向右侧一小步，右手带动向侧打开。

第 5 至 8 拍：左脚向右脚靠拢，以右脚为轴向右立转 360 度，两臂二位手。

第 2 个八拍：

第 1 拍：右腿屈膝上抬，膝外展，左脚绷脚尖，还原。

第 2 拍：同第 1 拍，但方向相反。

第 3 至 4 拍：动作同第 1、2 拍。

第 5 至 8 拍：两臂经一位手至三位手，同时两腿经半蹲至起踵立。

第 3 至 4 个八拍：重复第 1 至 2 个八拍动作，但方向相反。

第 5 至 8 个八拍：重复第 1 至 4 个八拍动作。

（三）身态

1. 躯干

躯干是人体的核心部位，它连接着头部和四肢，包括胸部、腹部、腰部和背部。躯干拥有丰富的韧带和强健的肌肉群，以及由多个关节面构成的脊柱，这使得身体的躯干可以在很大幅度范围内进行活动。由于这个特性的存在，躯干部分也更容易出现一些不良的姿势。因此，加强躯干训练，提高躯干各部位肌肉群的力量和协调能力，有助于提升动作执行速度、改善动作质量、掌握姿态技巧、预防和纠正不良体态。

（1）躯干动作

躯干动作分为体前屈、体后屈、体侧屈、上体侧转和体绕环等。

①体前屈。两脚开立，与肩宽，两臂侧平举；上体前倾，与地面平行。

②体后屈。两脚开立，与肩宽，两臂侧平举；上体后屈，头后仰。

③体侧屈。两脚开立，与肩宽，两臂上举；上体侧屈。

④上体侧转。两脚开立，与肩宽，左臂侧平举，右臂上举；上体向侧转体。

⑤体绕环。体前屈，两臂平举带动上体向侧、后绕环一周。

（2）躯干组合练习

①预备动作（10 个三拍）。第 1 至 2 个三拍：向前跑三拍接起踵立。第 3 至 4 个三拍：后退跑三拍接起踵立。第 5 至 6 个三拍：向左立转 360 度。第 7 个三拍：向右立转 360 度。第 8 个三拍：右脚侧迈一步，两臂侧平举。第 9 至 10 个三拍：开立站姿，两臂经上举至侧平举，手心向上。

②体前屈，体后屈（8 个三拍）。第 1 个三拍：低头含胸，掌心向下。第 2 个三拍：上体向后挺胸、抬头，手心向前。第 3 至 8 个三拍：重复第 1 至 2 个三拍动作。

③腹背练习（8 个三拍）。第 1 个三拍：双手向上拉伸、抬头。第 2 个三拍：

两臂经前下向后绕环一周半，同时上体迅速下压。第3至4个三拍：上体还原，两臂侧平举。第5至8个三拍：动作同第1至4个三拍。

2. 胸腰胯灵活训练

胸腰胯训练非常重要，它包括颈椎、胸椎、腰椎、骶椎和胯部的训练。许多优美、微小的动作、情绪、表现都离不开胸、腰、胯的动作。胸的动作幅度比较小，腰、胯的幅度比较大。在做练习时，要调整好呼吸，肌肉要有拉长的感觉。我们通常把腰部分为胸腰、中腰、板腰。

（1）胸腰

胸腰包括颈椎和胸椎部位。一般来说，胸腰动作指的就是含胸后展的动作。强化胸腰部的训练有助于纠正练习者的圆背问题及其他胸部不良姿势。值得注意的是，在进行胸后屈这一动作时，需要着重使用颈椎和胸椎区域的肌肉，避免其他部位参与其中。要确保颈椎和胸椎能够感到被拉伸和延长的感觉，特别是在第八胸椎的区域，要努力向上拉伸，同时使背部尽量向上顶，而不是伸长。在胸后屈时应该保持平静的深呼吸，站直时则呼气。在进行运动时，应保持呼吸顺畅，不要屏住呼吸。胸部锻炼的动作幅度虽小，但难度较大，需要较强的控制力。错误动作容易让头颈前倾，导致腹部凸出，也容易出现塌腰翘臀的情况。因此，在训练时应注意保持髋关节固定，收紧腹部，拉直腰椎，提起髋部，将重心向前移，双脚踩实地面。

（2）中腰

中腰是指腰椎即胯以上、胸以下的部位。腰椎这一部分的训练最大幅度可以向后屈180度，双手扶地完成。

（3）板腰

主要是胯的动作。一般在地面上动作较多，可以跪仰在地面上，胯部往上顶。

（4）胸腰的训练

胸的动作分为含、挺、侧拉和水平转动。腰的动作分为前屈、后伸、旁伸、横拧。

第三节 男性形体塑造及生理学基础

一、男性形体塑造的身心特点与锻炼攻略

男性自18岁进入成人的行列起，便标志着人体发育的基本成熟，接着还要

经历精力旺盛的青年期（18～35岁）、成熟的中年期（36～59岁）和逐渐衰老的老年期（60岁以上）这一个个不同的人生阶段。在男性所经历的漫长生命过程中，由于受生活方式、卫生习惯、营养条件、客观环境、健身锻炼等因素的影响，每一个个体的生命历程又会不尽相同。

青少年正处于身体发育的最佳阶段，这一阶段也标志着青春期男性的身体逐渐发育成熟。少年强则国强，青春期男性的身体在发展、成熟和完善的过程中，他们的健康状况对国家的发展也具有重要影响。中年代表着男性生命旅程中一个重要的阶段，在这个阶段，他们通常表现出精力充沛、充满魅力和创造力的特质。此外，一些生理参数，如最大呼吸量、肺活量、肾脏血流、肾小球清除率、基础代谢、传导速度、心排血指数和细胞含水量等，都开始有了衰退的趋势，同时也伴随着多种疾病或病理变化的出现。此时中年男性正值人生事业的发展期，处于生活经验丰富、活力充沛的黄金阶段，但同时他们也承受着来自各个方面的巨大压力。因此，在这一阶段，为塑造强健的身体，他们尤为重视健康的生活方式，尤其注重健身和营养两方面。通常情况下，老年男性在退休后享受慢节奏生活，减少了身体活动的频率和运动强度。与此同时，他们的胃肠道对营养的吸收能力显著降低，这会影响他们从饮食中摄入的营养物质总量，增加了营养不良状况发生的风险。总体而言，处于中年和老年阶段的男性在健康状况、运动方式以及饮食方面有许多共同点。因此，在营养摄入方面，他们应该遵循均衡饮食的原则。随着时间的推移和身体的变化，中老年男性的饮食需要做出相应调整，但强调均衡饮食的重要性始终不可忽视。对中老年男性，特别是老年男性来说，他们在进行锻炼时需要被给予特别关注。另外，人体逐渐衰老的一个主要原因是缺乏运动，为了弥补这种不足，最好的方法就是进行健身活动。

（一）男性的生理特点与形体塑造攻略

1. 男性的肌肉力量特点与塑造攻略

（1）肌肉力量特点

男性由于受到雄性激素的影响，其肌肉体积、重量和力量在生理上显示出优于女性的特点。从少儿时期开始，随着年龄的增长，男性肌肉中逐渐积累了更多的无机物，使得肌肉力量得到增强。18岁以后，他们的肌肉力量水平基本与成年人相当，20～30岁的肌肉力量是最强的。国外研究数据显示，人体机能在25岁达到巅峰后开始逐渐衰退。从25岁起，每年会丧失0.227～0.454千克的肌肉含量，这将导致人体相应的基础代谢率降低；一般来说，30岁男性的身体中肌肉重量占整体体重的40%~45%,而老年男性的肌肉重量大约只占体重的25%。[①] 随着年龄的增长,肌肉蛋白合成速度减缓,肌纤维变得更为细小,肌细胞水分逐渐减少,使得肌肉失去了之前的光泽和弹性。老年男性的肌肉失去了一部分肌纤维,肌球蛋白三磷酸腺苷(ATP)酶活性降低,导致他们的肌力下降。另外,肌细胞内线粒体的减少使得肌肉的氧气吸收效率降低,从而降低了负荷承受能力,增加了易疲劳的可能性。

(2)肌肉塑造攻略

虽然健身锻炼和形体塑造可以优化骨骼肌的结构、改变骨骼肌的形态、增强骨骼肌的功能、增大肌肉体积和重量还有力量、促进形体健美等,但是必须根据男性骨骼肌纤维的特性和类型及男性的形体需求来安排练习。例如,身体肥胖的男性可以多安排以锻炼慢缩肌(红肌)纤维为主的有氧练习;瘦弱者可以多安排以锻炼快缩肌(白肌)纤维为主的抗阻力量(无氧酵解)练习,并根据成年男性不同年龄阶段的生理特点来安排运动的负荷强度和内容等。

男性在锻炼时应注意以下两方面:一方面,科学研究证明,不同的练习对肌纤维类型的影响不同,力量练习可最大限度地发展肌纤维,尤其是发展快肌纤维,速度练习可使快缩肌比慢缩肌增粗肌纤维明显,耐力练习则可使慢缩肌纤维增粗。另一方面,不同负荷的力量练习对肌纤维类型的影响也不同,用小于1/4极限重量负荷发展的是慢缩肌(有利于减肥瘦身),用1/4~1/2极限重量负荷发展快缩肌的同时也发展慢缩肌(有利于塑身健体),用1/2极限重量以上负荷发展的是快缩肌(有利于健美和增加肌肉)。

2. 男性的骨骼特点与塑造攻略

(1)骨骼特点

成年男性骨骼重量较女性重10%,抗弯能力较女性强,但柔韧性和弹性较女性差。随着年龄的增长、内分泌和代谢功能的改变,很多中老年男性出现了骨萎缩和骨质疏松的现象,尤其是老年男性,骨骼中不仅仅是水的减少,还有矿物质的流失,特别是骨骼的重要组成部分——碳酸钙急剧减少。由于老年男性骨骼中钙离子减少,导致骨骼密度降低,骨骼的弹性和韧性也随着降低,骨骼脆性增加,容易发生骨折。研究表明,骨矿物质含量的丢失在50岁以上的中老年期开始与年龄成正比,每增长10岁,骨矿物质含量的丢失约增加10%。骨质疏松症已被世界卫生组织列为中老年三大疾病之一,男女性别比例为1:6。骨质疏松症是一种与激素、年龄、运动、饮食、体重和种族等诸多因素都有密切关系的退行性疾病。

---

① 宋祺鹏:《科学身材管理:男性力量训练全指南》,九州出版社2021年版,第22页。

此外，随着年龄增长，人体的关节面会因为关节软骨萎缩、纤维变性等原因而变得不光滑，甚至出现畸形，如老年男性的驼背、脊柱侧弯等现象。这些变化还会导致骨质增生、肌肉骨化以及关节滑囊僵硬、韧带弹性下降等，从而限制了老年男性的活动并引起生理上的疼痛感。

（2）骨骼塑造攻略

运动最有利于骨健康。正因为老年男性骨矿物质丢失严重，所以要通过力量练习增加骨密度，同时老年男性在体育锻炼的过程中，要避免高强度的承重练习。只要运动负荷适宜，肌肉力量训练就会成为塑造形体（保持优美的身体曲线和骨骼健康）的绝佳手段。

运动防治骨质疏松的机制有以下几点：

性激素效应：性激素会对骨代谢产生重要影响，睾酮和雌二醇有助于促进骨蛋白质的合成，增加骨基质总量，保留骨盐沉积，增加骨密度，促进骨髓融合，进而促进骨骼的生长和发育。如果缺乏睾酮与雌二醇的充分分泌，则会导致骨密度降低，并最终引发骨质疏松症。研究发现，经常进行适量中等强度的锻炼，尤其是进行适度的力量训练，将有助于促进睾酮和雌二醇的分泌，从而预防骨质疏松症的发生。

骨血流量效应：酸性环境会促使钙在骨内溶解，如果骨血流量小，就会引发局部血流的酸性化，最终造成骨溶解和骨萎缩。运动会使骨血流量变大，使更多的营养物质运送到骨细胞，有利于促进骨骼生长。

骨机械应力效应：当骨骼受到应力负荷作用时，其胶原基质会发生变形，并引发压电现象。改变骨细胞的生物物理条件，可以调控它们的生长和分化速度，从而使骨骼适应性地承受运动负荷。个体活动水平对于骨骼形态和骨量的发展起着重要作用，缺乏运动会导致骨骼发育不良，而合理的运动则有利于骨骼发育。

提高钙阈值和钙吸收效应：缺钙是导致骨质疏松症、骨折、儿童佝偻病、成人软骨病、牙齿问题等发生的主要原因。运动可以提高身体对钙的吸收能力，使骨骼发育得更健康，但同时这也增加了人体对钙的需求量，因此在这种情况下补充钙的效果更好。相反地，长期缺乏运动会导致骨骼对钙的需求量降低，在这种情况下，即使摄入大量的钙补充剂，绝大部分的钙也会随着尿液排出体外，难以产生明显效果。另外，正如之前提到的，运动有助于增加骨皮质血流量，进一步促进钙的吸收。除此之外，户外充足的阳光可以促进维生素 D 的生成，从而促进钙的吸收。

增强肌肉力量效应：在骨质疏松发病机制中，非机械因素（钙、维生素 D、激素等）并不是最主要的，在神经系统调控下的肌肉质量（包括肌纤维的质量和肌力）才是决定骨强度（包括骨量和骨结构）的重要因素。因此，运动在保持肌力的同时，也保持住了相应的骨量。

3. 男性的心血管系统特点与塑造攻略

从青少年时期到老年阶段，同化作用占优势（合成代谢高于分解代谢）时，生命就旺盛，身体各组织器官就不断生长发育，形体也变得逐渐优美；异化作用占优势（分解代谢高于合成代谢）时，人体各组织器官的机能便开始下降，人就逐渐变得衰老。同化作用与异化作用两者趋于平衡，就是人的中年期。40岁是一个很重要的转折点，40岁之后人体的机能下降加快。到了老年，人体各组织器官的能量储备能力降低、适应力下降、免疫系统功能下降、抵抗力减弱、代谢效率也下降。

（1）男性的心血管系统特点

25岁时的男性心脏排血量最大，60岁以上的男性心脏排血量则会减少30%～40%。因为老年男性血管弹性减退、动脉管壁硬化、管腔变窄使血管外周阻力增加、动脉血压升高，致使心脏工作负担加重。多方面因素共同作用使男性的心血管系统的生理功能受到削弱，表现为心搏血量和心排血量减少，因此使得组织、器官的供氧受到影响。男性心血管系统机能水平的降低较为明显，70岁男性的心脏储备力量仅为40岁时的50%。

男性心血管系统的主要改变在于心脏实质细胞数目减少、脂褐素沉着、心包外层脂肪增多、心内膜增厚、心肌纤维化及发生淀粉样变使心肌细胞萎缩，以及供应心脏血管营养的冠状动脉出现粥样硬化，致使心肌收缩力量减弱，心脏泵血能力受到影响。

（2）心血管系统塑造攻略

由于老年男性运动时，心率不能充分代偿，心率增加次数较青年男性少，为增加心脏排血量，往往要升高血压且运动后恢复时间长；并且，老年男性毛细血管脆性升高，轻微的损伤就易造成毛细血管破裂，故不宜进行剧烈的体育运动。

中老年男性在进行形体塑造和健身锻炼的过程中，可以采用有氧运动，因为有氧运动不但是健身锻炼最重要的形式之一，也是养生长寿、减肥瘦身及保持心血管系统耐力的最好手段。

4. 男性的呼吸系统特点与塑造攻略

（1）呼吸系统的特点

男性的胸廓较女性大，呼吸肌力量较女性强，安静时呼吸频率较女性慢4～6

次/分钟,且呼吸深度较女性深,呼吸功能亦高于女性。在这一点上,老年男性的呼吸机能减退很明显。老年男性因为肺泡融合、间隔萎缩失去弹性,使肺组织弹性降低、氧弥散功能出现障碍,所以他们的呼吸肌力量减弱、肋软骨钙化、韧带弹性减弱,使胸廓的活动幅度减小。由于以上原因,老年男性肺的通气和换气功能降低,肺活量一般从35岁就开始下降,到80岁约下降25%,而残气量却增加了近一倍,这使得他们动脉中的血氧含量降低。此外,有的老年男性胸廓还会出现畸形,如桶状胸等,更加重了呼吸功能的衰竭。

(2)呼吸系统塑造攻略

运动锻炼时,要注意呼吸节奏,少做静力性和剧烈性的练习,适当多安排一些周期性的运动项目,如慢跑、游泳,以及韵律性强的有氧舞蹈等。还可进行一些力所能及的户外活动,但是在寒冷气候中运动时,要注意防止吸入太多冷空气而影响呼吸系统功能。

5.男性的神经系统特点与塑造攻略

(1)神经系统的特点

青年男性的神经细胞发育相当完善,只要体能素质具备,完全可以承受最大强度的练习。但是随着年龄的增长,男性的神经细胞逐渐减少,细胞中核糖核酸的含量也在快速减少,神经纤维也逐渐显示出老化的迹象,尤其是在60岁后,神经细胞会迅速减少,同时脑重量也会减轻。男性在70岁时的大脑重量会比在30岁时的大脑重量减少10%左右,并且大脑皮层的表面积也会减少大约10%。进入老年阶段后,大脑会经历一系列生理变化,包括大脑血管硬化、血液流阻力增加、循环速度减缓,导致大脑血流量和氧气消耗量减少。另外,随着年龄增长,老年男性大脑皮层神经的传递速度变慢、神经活动灵活性下降、器官调节功能减弱,造成新的条件反射生成困难,记忆力和认知能力下降明显,对刺激的反应变得缓慢,保持姿势、支撑和平衡难度增加。同时,神经细胞的持续工作能力减弱,容易使人感到疲劳,且恢复速度较缓慢。脑血流量也比成年时期减少17%左右,而且脑细胞对缺氧十分敏感。因此,老年男性要避免剧烈的体育运动。

(2)神经系统塑造攻略

在形体塑造和健身锻炼中,一定要遵循男性不同年龄阶段的生理变化规律和运动负荷的价值阈规律等,合理安排不同时期的运动项目、运动方法和运动量。中老年男性应以有氧练习为主,尽量避免高强度的速度、力量及爆发力练习。

（二）男性的心理特点及锻炼对健康的影响

1. 男性的心理特点

（1）感知觉功能特点

通常情况下，人的听力在 20 岁左右时是最好的，到 30 岁之后，随着年龄增长，听觉阈限逐渐上升，到了 60 岁以后，听力下降的速度将会明显加快。55 岁以后，许多人的视力开始明显变差。科学研究显示，通常情况下，人的味觉在 50 岁之前基本不会发生明显变化，但在 50 岁之后，味觉对刺激物的敏感度会逐渐降低。关于男性的各种心理活动，变化最大的就是感知觉，尤其是听觉和视觉。感知觉的变化一般会遵循一定的顺序，首先是听觉，接着是视觉和味觉，最后是嗅觉。

（2）记忆力特点

青春期的男性有着惊人的记忆力，而记忆力衰退是老年男性的又一个明显特征。研究表明，人的记忆力在 40 岁之后开始出现较明显的衰退，然后维持相对稳定状态，直至 70 岁后再次经历更为显著的下降。一般来说，老年男性的记忆力有以下几方面的特点：

①机械记忆减退。研究表明，老年男性在面对他们熟悉的材料时，记忆能力与年轻时相差无几；然而，当面对陌生或无意义的材料（如无意义音节或数字等）时，老年男性的记忆力与青年时期相比差距较大。

②记忆广度下降。随着年龄的增长，老年男性的记忆广度逐渐变窄。针对 60 岁以上男性的研究表明，65 岁组的记忆广度最大，平均能记住 6.25 个数，而 66~75 岁与 76 岁以上组的记忆广度比较差。研究还发现，文化程度与记忆广度有关，同年龄段但文化程度高的男性的记忆广度要大一些。

③速度记忆衰退。这一特点与老年男性神经系统的衰退有关。由于神经系统功能的下降，老年男性的心理活动（包括记忆）和动作反应比较迟缓。在记忆上的一般表现是老年男性对在较短时间内记住某些材料或要求他们将记过的材料迅速回忆起来，常常感到非常困难。

④再认能力较差。再认和回忆是记忆的基本过程，也是衡量一个人记忆能力的重要指标。老年男性的再认能力普遍下降，这可能与神经系统功能下降有关。

（3）智力特点

智力分为流体智力和晶体智力。一般来说，流体智力是与人的基本心理过程有关的能力，如知觉、记忆、运算速度、推理能力等。流体智力通常在 21 岁左右达到顶峰，以后随着年龄的增加而衰退。晶体智力主要是通过掌握社会文化经验而获得的智力，如储存词汇概念、言语理解、常识等信息的能力，其一直保持相对稳定。随着年龄的增长，人的晶体智力水平会越来越高。

（4）情绪和情感特点

青年男性的情感丰富，中年男性的情绪稳定，但是到了老年，由于生理上的变化，社会交往、角色地位的改变以及心理机能的变化，老年男性比较容易产生以下几方面消极的情绪和情感。

①冷落感。老年男性，尤其是离、退休的老年男性，由于年老体衰、集体生活减少、工作环境和职务变化，以前身边"门庭若市"的场景突然变为"门前冷落车马稀"的场景，巨大的心理反差会给老年男性带来冷落感。如果解决不好很可能使他们感到抑郁，严重影响老年男性的生活质量。

②孤独感。老年男性从工作岗位退下来之后，由于周围环境的变化，社会交际和信息渠道急剧减少，很容易产生孤独感，尤其对于那些丧偶的老年男性，退休之后往往无所适从。调查表明，失去配偶的老年男性和子女经常不在身边的老年男性的死亡率明显高于正常的老年男性。

③忧郁感。忧郁感也是老年男性容易产生的情绪之一。他们主要是对自己健康状况的担忧，另外还有对物价水平、经济收入、晚年生活等的担忧。

2. 健身锻炼对心理健康的效益

许多针对青年男性和中年男性的研究已经证明，有氧锻炼可以改善心理，降低抑郁、焦虑，提高自尊和认知，还能改善情绪状态、提升身体意象、增强自信心和提升自我效能感等。关于锻炼对老年男性心境影响的研究也得出了差不多的结论。许多研究认为，与不锻炼者相比，锻炼者有更低的抑郁和焦虑倾向，尤其是对于那些有抑郁症和焦虑症的老年男性来说，身体锻炼能够增强他们的幸福感。

年龄可能是衡量锻炼带来心理变化的一个合适的变量，因为它在人一生的不同阶段可能有不同的意义，性别或许也会带来与锻炼有联系的心理健康益处。另外，一些研究者已经观察到参加身体锻炼的老年男性的心理健康水平提高了，尤其是适量锻炼之后，心境量表里面的紧张、抑郁、疲劳、愤怒等维度有明显的减少，活力维度显著增加，紧张维度没有明显变化。虬刚彦等人是我国最早利用心境量表来研究锻炼者心境改变的学者，他们对老年男性的一项研究表明，锻炼者在锻炼后心境有了明显的改善。

如果锻炼能改善老年男性的心境，那么，什么是诱发因素？对此，有两种可能的解释：一是心境的改善归结于人们在锻炼环境中注意力从压力刺激中解脱出来；二是由机体释放的β-内啡肽水平的降低可以解释心境的改善。也就是说，心境的改善与体内β-内啡肽的水平有关。

进行身体锻炼的另一个好处就是身体自我概念和知觉控制点的显著改变。知觉控制点涉及行为结果的内部或外部原因。例如，一个人会倾向于解释发生在他身上的事，不管事情发生的原因在不在他控制的范围之内。我们对健康负责任的程度与我们感觉到的自我控制水平有关，许多老年男性解释说，随着年龄的增长，他们对健康的自我控制力减弱了。那些相信他们控制诸多生活变迁能力减弱的老年人更倾向于放弃控制。然而，有规律的锻炼可以改变他们的知觉，最后增强自我概念。

对老年男性参加身体锻炼相关的心境变化和自我知觉的调查研究已经提示了这种因果关系。对自主活动能力的知觉和关于身体任务的独立程度影响着老年男性的生活方式和情感状态，锻炼似乎对这些变量有积极的影响。即便如此，部分学者对身体锻炼能够使人心境改善这一观点的意见还是不一致的，并且，他们认为能够解释心境改善的潜在机制也没有被准确分类。

中老年期，人的认知功能开始逐步衰退，主要表现在信息加工的速度和信息加工的容量下降、反应速度减慢、记忆力下降、注意功能衰退等方面，而身体锻炼能够对人的认知活动产生积极的影响。例如，大脑功能，包括颜色识别，在一系列有氧训练之后会有所提升。相关研究表明，在年龄、随机生活事件以及锻炼期望值等变量的影响之下，积极参加锻炼的中老年男性其简单反应时和复杂反应时的数值均短于不参加者，且差异极其显著。在短时记忆方面，积极参与身体锻炼的中老年男性在"数字广度测验"（韦氏成人智力量表中的一个分测验）上的得分高于不积极锻炼者，而且达到了显著性差异。[1]

复杂任务的表现被强调似乎与适应水平没有强烈的相关性。这些复杂任务有问题解决、持续性注意和双重任务操作，而且，新颖的复杂任务与锻炼的联系更多。尽管已有的研究结果支持了锻炼对各种心理功能有积极作用的假设，但是这一假设仍然没有被肯定。或许缺少一致性的结果要归结于其他因素，如教育水平和社会经济地位。另外，由于人类伦理观，许多训练的研究时间不得不减少，通常仅有不超过几个月的时间。这也使锻炼对中枢神经系统的功能影响不明显。

3. 健身锻炼促进心理健康的理论机制

健身与心理健康（健心）有着密切的关系。心理健康是指个体在所处的环

---

[1] 高峰、毛志雄：《身体锻炼流畅状态研究进展》，《中国体育科技》2023年第1期，第31-37页。

境条件允许的情况下，能够实现身体及心理良好功能的状态。换句话说，心理健康是指个体心理稳定且健康，可以有效适应各种环境，并达到最佳的功能状态。保持良好的心理健康对于个人的生活、学业和职业发展至关重要。情绪稳定有助于促进人的积极行为，而消极情绪可能会干扰正常学习、工作和生活，同时对身心健康也会带来不利影响。持续的情绪抑郁、焦虑和压力也可能带来健康问题。

当人们进行运动时，大脑会释放一种类似于吗啡的生物化学合成物激素，这种激素叫作内啡肽。它有助于缓解人们的负面情绪。因此，健身锻炼为人们提供了一个调节情绪的途径，人们可以通过专注于运动来转移注意力，从而摆脱内心的各种负面情绪。人在运动动作不断重复的过程中，借助冥想、思考等方法，有助于思维反省和脑力的恢复。这种有效的注意力集中或转移方式有助于情绪的好转。有氧运动、封闭式运动、没有人与人之间竞争的运动，有助于锻炼者的心理健康。同时，定期进行锻炼可以让身体感到非常舒适放松。人在各种运动中可以享受运动的美妙、体验运动带来的力量感和节奏感，以此来调节自己的情绪，使自己的视野更加开阔，重拾对生活的热情，以及保持宽容、乐观、积极的心态。这对个人的学习、工作和生活是大有裨益的。

二、男性锻炼项目的分类与运动负荷的选择攻略

（一）男性健身运动的概念与锻炼项目分类

1. 男性健身运动的概念

健身是一种可以促进身体健康、提高生活质量的行为方式。一切有助于强身健体和提升心智的身体活动都可以被称为健身运动。健身运动是通过不同的运动方式和训练来提高身体素质、改善生活质量、促进身体健康并延长寿命的体育活动，其理论基础是人体生命科学的原理。健身并不特指某一个项目，而是一个统称，包括所有有益身心健康的锻炼方式，如健美、康复训练、体型塑造以及休闲娱乐锻炼等。

2. 男性健身锻炼项目的分类

（1）根据锻炼目的分类

从锻炼目的来看，锻炼项目可以被划分为健身运动（狭义）、健美运动、康复运动、矫形运动、休闲运动、增高运动等。这种根据锻炼目的进行的分类，可以帮助锻炼者选择并实施适合的锻炼方式。

（2）根据能量代谢特点分类

锻炼项目可以根据人体运动时的能量代谢特点分为有氧运动、无氧运动和混合运动3种。

在实际进行健身锻炼的过程中，我们可以看到很多混合运动方式，即使是同一个项目，由于训练方法和强度的调整，也会导致锻炼项目发生改变。例如，长跑和慢跑都是有氧运动，而在比赛时的近距离短跑则是一种无氧运动。由于个体的身体素质不同，即使以相同速度进行活动，身体强壮的人可能更倾向于进行有氧运动，而身体素质较差的人可能更适合进行无氧运动。因此，仅凭项目本身的属性无法确定其是否为有氧或无氧运动，必须根据特定情况进行详细评估。

（二）男性健身锻炼项目的选择及其锻炼原则

1. 男性最佳健身锻炼项目的选择

选择最适宜的运动项目进行健身锻炼，是实现身心健美状态的前提，而实现人体的健美状态也可以说是锻炼者的终极目标。对男性来说，新概念运动健身锻炼要求包括3种运动种类。

第一类，有氧运动的耐力性锻炼：步行、慢跑、走跑交替、游泳、骑自行车、滑冰、越野滑雪、划船、跳绳、上下楼梯、室内功率自行车、活动平板（跑台）、健身操锻炼等。

第二类，伸展性锻炼：专门伸展操、太极拳、太极功、气功、瑜伽、普拉提、五禽戏、八段锦及各种医疗体操和矫正体操等。

第三类，负重锻炼：足以发展和维持去脂体重、发达肌肉、健美体格的中强度力量锻炼。它是成年男性身体锻炼计划中的重要组成部分。美国运动医学学会推荐的男性力量锻炼形式为：有主要肌肉群参与，每组练8~10次，重复做8~12组，每周至少锻炼2次。

科学合理地选择并安排好上述锻炼项目及内容，处理好有氧、拉伸和力量练习之间的比例关系，是男性获得最佳健身锻炼效果的基础。

2. 男性健身锻炼的原则

健身锻炼的原则是运动健身过程客观规律的反映，是运动健身实践普遍经验的总结和概括。为了取得最佳健身效果、达到健身的目的，男性除要遵循体育锻炼的普遍规律外，还应遵循健身锻炼特有的原则。

（1）目标性原则

参与运动健身需要勇于挑战自己，这是一个战胜困难和疲劳的过程。如果没有明确的健身目标，就会缺乏动力和自律性，从而无法坚持锻炼。只有意识到锻炼的重要性并设定明确的目标，才能在运动锻炼带来的挑战和疲劳中找到乐趣，并通过努力获得一定的成就。

（2）超负荷原则

男性在进行健身活动时，需要适度的锻炼强度变化和适当的身体疲劳感，这样才能有效激发身体机能，达到强身健体的目的。通常情况下，当机体适应一定程度的负荷刺激后，如果一直维持这种程度的负荷，身体对这种刺激的反应会减弱，体力和体能也只会保持在原水平上。因此，男性在健身时应该逐渐增加活动强度，并在自身能力范围内不断挑战自己，从而提高身体素质并实现健身目标。

（三）男性最佳健身锻炼负荷的选择攻略

1. 不同年龄阶段最佳运动负荷的选择攻略

选择运动量（运动负荷）的方法有很多，然而用锻炼时的心率来选择和评定最佳运动量是一种既简便又行之有效的方法。美国生理学家首推的最佳运动量评定法就是心率指数法（指锻炼时每分钟的心率应达到的次数），也称为靶心率或目标心率（指运动中能获得最佳锻炼效果并能确保安全的心率）。

靶心率可以是一个心率值范围，如有氧运动的靶心率可描述为 HRmax60%～90%（最大心率的 60%～90%）或靶心率范围的 60%～80% 等；也可以是一个具体的数值，如把某位 55 岁男性健身锻炼的安全心率上限定在 140 次/分钟等。心率是评价负荷强度最简便易行的指标。实验发现，能强身健体的合理运动负荷是本人最大运动心率值的 65%～85%，普通健身健美者靶心率的范围阈值是最大心率的 75%～85%（减肥者可控制在最大心率的 60%～70%）或靶心率范围值的 60%～80%。[1]

（1）最大运动心率阈值计算方法

最大运动心率 =220 - 年龄

合理运动负荷心率的上限 = 最大运动心率 × 85%

合理运动负荷心率的下限 = 最大运动心率 × 75%

35 岁以下各年龄的运动心率下限和上限都在阈限内负荷，即 120～171 次/分钟；35 岁以上各年龄的运动心率有逐渐减少的趋势，符合中老年人身体机能减退、运动心率亦应减少的生理法则。因此，心率指数法适合不同年龄的人评定最佳运动量。

---

[1] 吴红雨：《现代体育与健康》，北京理工大学出版社 2010 年版，第 57 页。

（2）靶心率范围阈值计算方法

靶心率范围是指为了达到锻炼效果所需的最大心率和最小心率的阈值区间。实际上，最大运动心率阈值法和靶心率范围阈值法都是心率指数法，也都是在讲靶心率范围，且二者都得到了广泛的运用，但不同的是"靶心率范围阈值法"考虑了不同人的安静心率这一特点，更具针对性。近年来，有不少人采用靶心率范围阈值法来确定运动的适宜负荷强度，而不是单一地依靠锻炼时的心率值。

2. 抗阻运动负荷的选择攻略

在抗阻力训练中，人们为了满足自身的"塑形"需求，一般会进行扩大肌肉横断面积或减少身体多余脂肪的训练；为了提高身体抵抗疲劳的能力，达到强身健体的目的，人们大多会选择耐力训练活动。这种训练有助于促进心血管健康，提高骨骼、肌腱和韧带的强度，并减少受伤风险。另外，耐力训练也可以达到燃脂瘦身的效果。对于初级健身者来说，应根据自身情况选择适当的锻炼方式，以增强肌肉力量、提升肌肉耐力、减少脂肪含量、改善肌肉弹性，并提高心肺功能。

为了便于初级健身者选择抗阻力量训练的负荷重量，笔者特将国际通用的"RM"健身术语介绍如下，以供参考。

（1）RM 的概念

"RM"是英文 Repetition（重做、反复做）和 Maximum（最大量）的缩写。在力量素质训练中，RM 的意思是用某个负荷量能连续（反复）做某个动作的最高重复次数。例如，8RM 即为能重复进行 8 次的最大重量。

（2）RM 与锻炼目标的关系

不同的运动项目有不同衡量运动强度的方法，健身健美锻炼以重量评定运动强度。

低次数（1~4 次）：主要是增长力量和体力。

中次数（6~12 次）：主要是增长肌肉块（但不同阶段有不同要求，初、中级阶段为 8~12 次，高级阶段为 8~10 次，高级以上阶段为 6~8 次，重点增长肌肉群的块）。

高次数（15~20 次）：主要增长小肌肉群的块和塑造肌肉线条及其弹性等。

超次数（30 次以上）：有助于减缩局部脂肪和增强肌肉弹性，超次数还可以增强心肌功能。

3. 有氧运动负荷的选择攻略

有氧运动是指全身大肌肉群参与，且周期长、有一定强度、以有氧代谢为主的活动。

有氧运动安全有效的锻炼负荷应控制在靶心率（目标心率）的阈值范围内，即选择在心率范围的60%～80%，或者最大心率的75%～85%，锻炼次数为每周3～5次，每一次运动持续30～60分钟。①

4.运动负荷在不同锻炼阶段的应用攻略

由于健身者的健康状态、运动水平、锻炼目的和锻炼阶段的不同，对其运动频率、运动强度、运动时间、运动负荷及重复组数等的要求也不尽相同。不同阶段的具体要求如下：

（1）健康准备阶段的锻炼

主要包括心肺功能锻炼和骨骼肌锻炼等。

①健康准备阶段的心肺功能锻炼。根据运动技能形成的过程（泛化—分化—巩固—自动化）特点和运动负荷的数值阈规律，在开始进行有氧锻炼之前，体力较差者一般要先进行10～16周（最少应保证6～8周）的预备性体力锻炼，年轻人可用1～2个月的时间进行过渡期的锻炼，老年人可用3～4个月的时间进行过渡期的锻炼，然后才能按正常锻炼标准进行运动。如果有心脏病、高血压的患者则建议一直采用轻度持续的锻炼。

通常来说，为了改善心肺功能，每周至少需要进行2～3次锻炼才会有明显效果，为了保持心肺功能的健康状态，每周至少需要进行一次锻炼，但是最好不要超过12天不进行任何运动。运动强度应在适宜范围内，可达到最大重复次数的40%～85%，最大心率的60%～90%，或者进行5～9次重复训练；从运动时间来看，每次需要进行12～20分钟的运动；②就运动负荷来说，需要进行持续或循环性的锻炼。每次锻炼需要完成4～6组特定动作，这样身体才能逐渐适应锻炼的强度。

②健康准备阶段的骨骼肌锻炼。男性要想达到更好的骨骼肌锻炼效果，可以每周进行2～3次锻炼，每次锻炼的强度应该达到每个动作重复10～12次。通常每组动作之间的休息时间为30～90秒，每个动作可执行1～2组，每个身体部位可选择1～2个动作进行锻炼。在进行锻炼时，可以使用杠铃、哑铃等器械或者依靠自身重量来增加运动强度，建议每种锻炼方式坚持进行4～6周。从第三周开始，每组动作进行10次锻炼，总共进行2个周期，直至该阶段结束。

（2）身体适应阶段的锻炼

①适应阶段的心肺功能锻炼。在这个阶段，需要每周进行3～5次心肺功能

---

① 郭楠：《塑造健美的形体》，中国纺织出版社2021年版，第36页。
② 周建伟：《体育保健康复的理论与实践》，北京理工大学出版社2017年版，第92页。

锻炼。运动强度应控制在最大重复次数的60%～80%，最大心率的60%～90%，或者进行6～9次重复次数。运动时间需要在20～45分钟。在考虑运动强度和方式时，锻炼者可以单独选择持续性锻炼、循环锻炼、速度游戏锻炼或间歇锻炼方式或者将其中的几种方式综合起来进行锻炼。每个动作可重复进行12～20组。注意在锻炼时，需要留出足够的时间进行休息。

②适应阶段的骨骼肌锻炼。希望身材变得健美的男性，此阶段的骨骼肌锻炼需达到每周3～4次；运动强度需达到8～12次最大重复次数；每组间隔时间需30～60秒；重量负荷可采用杠铃、哑铃等器械和自身重量等；每个动作可视情况重复12～20组，如开始时练习2组，每组8次，渐增至每组12次，然后增重，再从每组8次开始重复练习。

健身目的不同，锻炼的负荷强度及手段方法亦不同。比如，为了健美而增加肌肉和增长力量，就应以力量和体型锻炼的负荷强度及手段方法为主，再配合其他机能的锻炼。而减肥瘦身者则应以有氧锻炼和增进心肺功能的锻炼为主，以利于脂肪被充分消耗。

5.运动负荷在维持阶段的应用及其能量代谢对锻炼的影响

能量储存于糖、脂肪、蛋白质等各类物质中的化学键间，如果它要被神经、肌肉及其他细胞所利用，必须首先转化成ATP，ATP是细胞可利用能量的唯一形式。基于ATP转运至肌肉的速度及时间，我们将肌肉在运动时的能量供应归为瞬时（直接）能量供应（来自三磷酸腺苷-磷酸肌酸的分解放能）、短时间能量供应（来自肌糖原的糖酵解放能）和长时间能量供应（来自糖和脂肪可能还有蛋白质的氧化放能）3类。

由于男性的能量代谢与其所从事的运动项目及锻炼的目的不同，还有健身锻炼计划及运动方法上的区别，可能导致能量合成的途径也各异。

（1）瞬时能量代谢系统及其维持阶段的锻炼

人的肌肉细胞储存的ATP仅能维持高强度运动约1秒。而且，肌肉内存在着另外一种高能量化合物磷酸肌酸（CP），它能瞬间转换成ATP。然而CP也只能维持高强度运动3～5秒。因为这种能量供应是不需要氧气的，故被称之为无氧代谢能量供应系统。由于该代谢系统总共只能维持3～5秒的最大强度工作或15～20秒的次最大强度工作，所以，在运用瞬时能量代谢系统（ATP-CP）进行维持阶段的心肺功能锻炼时，每周至少要运动3次；运动强度需达到最大心率的85%～100%，或最大重复次数的80%～100%，或8～10次重复次数；每组循环时间为12分钟，总体锻炼时间为前一阶段锻炼时间的1.5倍；运动负荷可采用间歇锻炼的方式，锻炼与休息时间之比为1：3；休息采用静态、走路或身体轻度摆动等形式。

(2) 短时间能量代谢系统及其维持阶段的锻炼

该代谢系统会产生乳酸，其主要是在运动后的1~3分钟开始提供能量，所以对心肺功能锻炼来说，要想取得更好的效果，每周需运动3~5次，若要保持状态则需每周运动1~2次（此时期最长为12周）；运动强度需达到最大心率的60%~90%，或最大重复次数的60%~85%，或6~9次重复次数；每组循环时间为12分钟，总体锻炼持续时间为前一阶段锻炼时间的1.5倍；运动负荷可采用间歇锻炼法，锻炼与休息时间之比为1：2，休息时采用动态形式（如慢跑等）。一般来说，需经过12周的健康准备阶段或身体适应阶段后，再经过此维持阶段6~8周，才能进行周期性锻炼。

对于该阶段骨骼肌的锻炼（周期性锻炼模式：健身锻炼与增大肌肉块），一般每周锻炼6次；运动强度以8~12次为最大重复次数，做1~6组，也可每组做12~15次，组间休息时间为30~60秒，每个身体部位做2~4个动作，每个动作做2~4组；运动负荷可采用杠铃、哑铃等器械或自身重量等；通常以10~12周为一个循环，然后积极休息或改变身体部位的锻炼顺序，以调节身体。

(3) 长时间能量代谢系统及其维持阶段的锻炼

健身锻炼计划中能量供应的形式与心血管系统锻炼的适应性的关系是最关键的。健身锻炼的重点是通过进行需要肌肉有氧代谢供能的亚极量运动来刺激心脏运输所需的血量。该代谢系统主要是为长时间持续次最大强度的工作提供能量。一般每周锻炼3~5次才能达到提高心肺功能的目的，若保持状态则需每周1~2次（此时期最长为12周）；运动强度需达到最大心率的60%~90%，或60%~85%最大重复次数，或6~9次重复次数；锻炼时间为30~60分钟（在特定运动的需要下可将时间延长）；运动方式可采用持续锻炼或间歇锻炼，锻炼与休息时间之比为1：1或1：1~1：2，一周中辅助增加静态休息。从健康准备阶段或身体适应阶段至长时间锻炼的维持阶段一般需要2~20周，随后用1~2周来维持运动水平或积极休息，然后才能进入新的锻炼阶段或参加新的锻炼课程。

对骨骼肌的锻炼可采用周期性锻炼模式（如长距离跑步、有氧操、球类运动等耐力性运动项目）；每周锻炼需达到2~3次；每个动作的运动强度采用12~20次最大重复次数，组间休息时间为20~45秒，每个身体部分做1~2个动作，每个动作做2~3组；运动负荷可采用杠铃、哑铃等器械和自身重量等。参加竞赛者当比赛时间接近时，应将锻炼量降低，并增加锻炼强度，减少休息时间。

很多人参加心肺功能训练或有氧运动，以求达到体型美观、减肥瘦身或维持理想体重的目的。这种运动的持续时间一般适宜在45～60分钟。时间过长往往会降低运动所带来的益处，并容易造成肌肉劳损或受伤。另外，运动以外的时间应严格控制热量的摄入，并且要加强自我管理（主要包括生活制度、饮食调节、心态调控和个人嗜好等方面）。

要说明的是，身体负荷锻炼的方法是多种多样的。同一种锻炼手段可以采用不同的负荷锻炼方法，同一种负荷锻炼方法也可以用于不同的动作，这就是在负荷运用上所谓"条条大路通罗马"或"殊途同归"的道理。

（四）晚间健身锻炼指导攻略

1. 不宜做剧烈运动

在睡前，人们往往需要一个安静舒适的环境，这样有助于大脑皮层神经细胞的抑制功能逐渐增强，使人能够更快地入睡。此时进行剧烈活动会激活大脑皮质神经元，导致入睡困难。同时，剧烈运动会使机体的物质代谢加强，体温升高，不利于入睡。

2. 锻炼项目和场地要适宜

晚上的锻炼计划应该根据个人偏好、健康状况和锻炼基础量身定制。最好选一些轻松且不需要太大运动量的活动，如散步、练习太极拳或慢跑等。在户外环境中，应当选择在灯光充足的地方进行锻炼，以确保安全，防止受伤。

3. 晚餐与锻炼要留有间隔

最好在晚餐后等待1小时再开始锻炼，因为餐后立即运动可能会导致消化不良或产生其他肠胃问题。

4. 锻炼时间不宜过长

晚上锻炼的时长最好不要超过一个小时，并且最好在距离睡觉前一个小时停止运动，以便让身体各器官有足够时间在睡前恢复至平静状态。

晚上睡觉前如何运动？为避免夜晚人体血压过高，睡前不宜进行长时间的紧张的脑力活动，也不宜进行剧烈的运动，可以进行较为缓慢的散步及跳舒缓的保健操。

（五）防范健身锻炼风险的可行性攻略

如何在进行健身锻炼时既保证安全，又能获得有效的健身效果？根据长期的实践经验，只需专注于以下几个关键点，就能有效地预防锻炼时容易发生的风险。

1. 注重体格检查

针对那些身体健康、体格正常，没有心血管疾病症状或危险因素（如高血压、高血脂、肥胖、吸烟、家族史等）的男性来说，通常情况下不需要进行运动前的负荷试验，也无须对他们运动方式的选择进行限制。然而，对于那些有健康危机的男性来说，运动前则需要进行体格检查。

2. 加强锻炼的自我监督

在锻炼过程中，一定要保持警惕，时刻注意自己的身体状况，如果出现胸痛、胸闷、恶心或呼吸困难等不适症状，应立即停止锻炼。当锻炼后出现食欲下降、睡眠质量不佳以及体重减轻等症状时，这可能意味着运动强度过大，需要考虑调整锻炼方式或暂停锻炼。

3. 注意循序渐进

开始运动时应选择适中的运动量和运动强度，然后随着身体适应能力的增强逐渐增加运动的量和强度。

4. 坚持经常性原则

运动锻炼只有经常坚持才能收到良好的健身效果。一旦间断，它与人的体力、工作能力等一样，也将随之下降。

5. 避免危险动作

大多数危险运动是可以避免的，关键是有没有得到正确的指导。如果没有医生、运动专家、健身教练或其他有资格的专业人士提出的运动建议，动作练习应该遵循以下原则：避免过度弯曲膝盖和颈部；不要过度拉伸膝盖、颈部或腰背部；不要在膝盖处施加扭转或侧向力；在进行运动时，除加强抵抗力训练外，不要屏住呼吸；避免过度拉伸肌肉；避免对关节进行过度拉伸，以免损伤韧带和关节囊；避免对椎间盘施加过大的压力；避免进行可能导致关节和软骨受伤的练习；如果运动需要经常违背人体力学原理（如练棒球时接球手需要深蹲，练体操时需要做分腿慢起手倒立等），则先要确定肌肉和关节是否能接受，避免对脊柱急速、用力地过度伸展和弯曲。

在进行健身运动时，需要适度的锻炼强度变化和适当的身体疲劳感，这样才能有效激发身体的各项机能，达到强身健体的目的。通常情况下，当机体适应一定程度的负荷刺激后，如果一直维持这种程度的负荷，身体对这种刺激的反应会减弱，体力和体能也只会保持在原水平上。因此，为了持续改善体力和身体素质，应该在适当的时候增加运动强度，这样才能持续获得"超量恢复"，进而达到强身健体的目的。

第四节　女性形体塑造及生理学基础

女性成长到 18 岁时，意味着她们的身体已经基本发育完全，随后会经历充满朝气的青年时期（18～35 岁）、成熟的中年时期（36～59 岁）和逐渐衰老的老年时期（60 岁以上）。女性的形体在不同阶段可能因个人生活方式、卫生条件、饮食以及周围环境等因素的影响而有所不同。

青少年时期是身体成长发育的黄金时期，在这一阶段，青年女性的身体逐渐发育得成熟和完善。中年时期是女性人生旅途的关键阶段，她们在这一阶段展现出了充满活力、勇气和创造力的特质。但是，一些生理指标也呈现出了衰退的趋势，容易出现多种疾病或病理变化。一般来说，女性进入中年阶段后，她们在各个方面都拥有了丰富的经验和充沛的精力，但同时她们也面临着各种压力，因此更关注健康的生活方式，包括健身、饮食和心理健康方面的均衡发展。老年女性在退休后，她们的生活节奏放缓，减少了体力活动，运动强度也随之降低。同时，由于消化吸收功能明显减退，老年女性容易出现营养不良的问题。一般来说，中老年女性在生理、身体素质、运动方式以及膳食营养等方面有许多相似之处。她们在饮食方面同样需要遵循均衡营养的原则，并且可以随着年龄增长和生理变化而作出相应的调整。中老年人，特别是老年女性，在进行健身锻炼时需要受到特别关照。缺乏运动是导致她们衰老的主要原因之一，为了减缓这种衰老，最佳的解决方法是增加体育锻炼。

一、女性的身体特征与形体塑造攻略

（一）女性的身高体型特点与塑造攻略

1. 身高体型特点

一般来说，成年女性四肢较短，躯干较长，肩部和胸部较窄，骨盆较宽，上臂较细，小腿较粗，呈现上半身纤长、下半身较短粗、肩部较窄、骨盆较宽的独特体型特点。

2. 身高体型塑造攻略

从医学研究和对人类身高发展规律的研究来看，在少儿时期，男性和女性的身高增长差异相对较小。在青春期，女性在 13～18 岁这一阶段，骨骼生长迅速，因此，初中阶段的女生可能会比同龄男生更高，不过到了 18 岁以后，她们的骨骼生长速度将逐渐放缓并趋于稳定。通常情况下，由于男性的生长期比女性多2～5年，因此男性通常会比女性稍高一些。对于身高较矮的女性可以考虑进行增高锻炼，特别是跳跃运动可以促进下肢长骨的生长。另外，那些想改善体型的女性可以考虑较早开始进行身体塑形训练。

（二）女性的皮下脂肪特点与塑造攻略

1. 皮下脂肪特点

成年女性皮下脂肪丰满，占体重的20%～28%，主要分布在胸、腹、臀和大腿等部位的皮肤下，约为男性的2倍。从脂肪组织的分布来看，女性"周围性肥胖"类型居多，即脂肪多分布在臀部和大腿，体型像"梨"，专家称其为"周围性肥胖"。而"向心性肥胖"者相对较少，即有的内脏脂肪在腹部大量堆积，腹围很大，体型像"苹果"，医学上将其称为"向心性肥胖"。根据人体肥胖的部位还可分为：

束带型肥胖，脂肪堆积区主要分布于背部、下腹部、髂部、臀部及大腿，肥胖性生殖无能综合征的肥胖就是此种类型。

大粗隆型肥胖，脂肪主要分布于股骨大转子区域及乳房、腹部、阴阜等处，更年期后的肥胖多半属此类型。

下肢型肥胖，脂肪储存区域从髋部下至踝部，有时局限于腿肚及踝部，如进行性脂肪营养不良症形成的下半身极度肥胖而上半身极度消瘦。

上肢型肥胖，脂肪主要位于背部、手臂、乳房、颈项、颜面等处，如由肾上腺皮质增生、肿瘤及垂体碱性腺癌所致的肥胖就属于此种类型。

臀部肥大型肥胖，脂肪主要堆积于臀部，导致臀部特殊肥大。其为某些民族的特征，属于一种遗传体质。

2. 皮下脂肪塑造攻略

皮下组织里含有适量脂肪的女性，才有丰腴之美，但脂肪过多则会有害无利。故此，女性只有控制好了自己的体重才可保持良好的身材。女性在进行膳食调控的同时，需根据肥胖发生的敏感期（青春期、妊娠期和哺乳期、更年期）及肥胖的类型和部位进行针对性的运动锻炼，这样才能收到塑形减肥的效果。

（三）女性的肌肉力量特点与塑造攻略

1. 肌肉力量特点

由于雄性激素的作用，女性的肌肉体积及重量均低于男性，女性肌肉占体重的21%～35%，占男性肌肉重量的80%～89%，因此女性的肌肉力量明显弱于男性。有资料报道，女性上肢伸肌力量仅为男性的 2/3，腰部力量亦为男性的 2/3，下肢爆发力为男性的 3/4。

2. 肌肉力量塑造攻略

根据女性的生理特点，在增强全身肌肉力量的同时应该特别注重增强肩带肌、背肌、腹肌和盆底肌的力量。对于形体训练中的肌肉力量训练，女性大可不必担心会因力量训练而使自己变得像男性一样强壮甚至周身"肌肉疙瘩"，因为女性的雄性激素大约只有男性的 1/20，而相同重量的肌肉体积则只有脂肪体积的 1/4，并且获取的肌肉还能燃烧更多的热量（包括脂肪）。此外，女性从 25 岁开始，肌肉含量便以每年 0.5～1 磅（1 磅 =0.4536 千克）的速度递减，基础代谢率也随之下降，这是因为缺乏力量锻炼而使得不断增多的脂肪填充了女性的身体，从而使得女性形体不断变胖。殊不知，一般的有氧运动只能使人体变瘦和体重减轻，而自重或小负荷重量（个别部位亦可采用中等负荷量）的力量训练才可使女性形体变美。所以，只要运动负荷适宜，肌肉力量训练就会成为塑造形体（保持优美的身体曲线和骨骼健康）的绝佳手段。例如，减脂瘦身者可以多进行以锻炼慢缩肌纤维为主的有氧练习。瘦弱者可以多进行以锻炼快缩肌纤维为主的抗阻力量练习。

（四）女性的骨骼特点与塑造攻略

1. 骨骼特点

女性骨骼重量占体重的 15%，较男性轻 10%，抗弯能力较差，但韧性较佳。脊柱椎骨间软骨较厚，弹性和韧性均优于男性，具有较好的柔韧性。

2. 骨骼塑造攻略

骨质疏松症是成年女性的常见疾病，被世界卫生组织列为中老年三大疾病之一，该病的男女性别比例为 1∶6。我国每年大约有 130 万名年龄在 45 岁及以上的人因患有骨质疏松症而导致骨折。根据研究结果，随着年龄增长，对于 50 岁以上的中老年人来说，他们骨矿物质含量的丢失在这一时期与年龄呈正相关的关系，年龄每增加 10 岁，骨矿物质含量的丢失就会增加大约 10%。[1] 骨质疏松症是一种让人体功能逐渐退化的疾病，与激素水平、年龄、运动、饮食习惯、体重和个人种族等有密切关系。

运动最有利于骨健康。运动防治骨质疏松的机制如下。

---

[1] 许建文、韦庆军、王玉龙：《骨质疏松性椎体骨折社区及居家康复指导》，广西科学技术出版社 2020 年版，第 16 页。

(1) 性激素效应

性激素对骨代谢有重要影响，在骨蛋白质的合成过程中，睾酮和雌二醇发挥了重要作用，有助于增加女性的骨基质总量，促进骨盐的沉积，增加骨质厚度并促进骨髓融合，从而促进骨骼的成长和发育。如果睾酮与雌二醇的分泌不足，就可能会导致骨密度降低，从而引发骨质疏松。调查显示，进行适度的中等强度的体育锻炼，尤其是各类力量训练，可以促进睾酮及雌二醇分泌得更加旺盛，从而有助于预防骨质疏松。

(2) 骨血流量效应

酸性环境会促使钙在骨内的溶解，如果骨血流量小，就会引发局部血流的酸性化，最终造成骨溶解和骨萎缩。运动会使骨血流量变大，使更多的营养物质运送到骨细胞，有利于促进骨骼生长。

(3) 骨机械应力效应

当骨骼受到应力负荷作用时，其胶原基质会发生变形，并引发压电现象。改变骨细胞的生物物理条件，可以调控它们的生长和分化速度，从而使骨骼适应性地承受运动负荷。个体活动水平对于骨骼形态和骨量的发展起着重要作用，缺乏运动会导致骨骼发育不良，而合理的运动则有利于骨骼发育。

(4) 提高钙阈值和钙吸收效应

运动可以使骨骼发育得更健康，可以提高身体对钙的吸收能力，但同时这也增加了人体对钙的需求量，因此在这种情况下补充钙的效果更好。相反地，长期缺乏运动会导致骨骼对钙的需求量降低，在这种情况下，即使摄入大量钙补充剂，绝大部分的钙也会随着尿液排出体外，难以产生明显效果。另外，正如之前提到的，运动有助于增加骨皮质血流量，这能进一步促进钙的吸收。

(5) 增强肌肉力量效应

在骨质疏松症形成过程中，神经系统对肌肉质量的调控比非机械因素对骨强度的影响更为关键。因此，运动不仅有助于保持肌肉强度，还有助于维持相应的骨量。

（五）女性的心血管系统特点与塑造攻略

1. 心血管系统特点

女性心脏的重量较男性轻 10%～15%，体积约小于男性的 18%，容量较男性少 150～200 毫升；安静状态下女性心率较快，比男性快 10 次/分钟左右，收缩压平均低于男性 10.5 毫米汞柱，舒张压约低于男性 5.1 毫米汞柱。女性血量约占体重的 7%，男性则达 8%；女性血红蛋白为 110～150 克 / 升，而男性为 120～160 克 / 升，全血中血红蛋白的总量女性仅为男性的 56%。因此女性机体运输氧的能力较男性差。

2. 心血管系统塑造攻略

女性在进行有氧运动时，要特别注意心血管系统的锻炼。因为有氧运动不但是健身锻炼最重要的形式之一，也是养生长寿、减肥瘦身及保持心血管系统耐力的极好手段。

（六）女性的呼吸系统特点与塑造攻略

1. 呼吸系统特点

女性的胸廓相比于男性要小，她们的呼吸肌相对不那么强壮，这导致她们在静态时的呼吸频率比男性要快 4～6 次 / 分钟，同时，女性的呼吸深度也较浅。女性的肺活量比男性约少 30%，最大吸氧量比男性少 0.5～1 升，因此女性的呼吸功能也比男性稍逊一筹，这可能在一定程度上限制了女性在健身运动中的氧气供应量。

2. 呼吸系统塑造攻略

女性在进行锻炼时，需要注意控制呼吸频率，避免过多地进行静力性和高强度的训练，可以增加一些周期性的活动，如慢跑和游泳，并且可以尝试有节奏感的有氧舞蹈等运动，同时可以参加一些适度的户外活动。在寒冷的天气中进行运动时，要特别注意减少吸入过多冷空气，以免对呼吸系统功能产生影响。

二、女性的生理变化特点与形体塑造攻略

（一）女性的生理变化特点

根据女性性腺——卵巢分泌功能的变化，可将成年女性的生理阶段分为性成熟期、更年期和老年期。

1. 性成熟期

为卵巢功能及性激素分泌最旺盛的阶段，一般自 18 岁开始，持续 30 年左右。此期间性腺和性器官发育完全成熟，卵巢有周期性排卵，子宫内膜出现周期性脱落，产生月经周期。该期为女性生殖功能最旺盛的时期，故又称为生育期。

2. 更年期

又称为绝经期，是女性从性成熟期进入老年期的过渡阶段。此期间卵巢功能

逐渐衰退直至萎缩，其最突出的表现为月经停止、生殖能力丧失，其他内分泌也有变动。这一阶段在 44~54 岁。

3. 老年期

该期是卵巢功能完全终止的年龄阶段。女性 60 岁以后卵巢功能消失、生殖器官萎缩，机体的所有内分泌功能均衰退而进入老年期。

（二）生理变化下的塑造攻略

女性在进行日常健身和塑形训练时，需要考虑到自己的身心特质、生理变化、身体机能的发展规律以及对运动强度的适应能力，从而合理安排不同阶段的运动计划、训练方式和运动强度。女性在进行锻炼时应该选择适合自己身体状况的健身方式。

根据医学研究，女性在经期、妊娠期、哺乳期和更年期可以通过专门设计的健身锻炼方案来促进身体的发育、提高身体各器官系统功能水平和健康水平。这种锻炼可以帮助女性提升身体各部位的协调发育能力，让体型更加优美。然而，女性在进行运动时需要考虑到自身独特的生理特征，选用适当的训练方式，注重心理素质的培养，以加强身体的灵活性、提高整体健康水平、强化身体素质、促进身心和生殖系统的健康发展。

第二章 特殊体型体态人群健身训练处方

本章主题为特殊体型体态人群健身训练处方,将从以下四个方面展开分析:极端体型人群健身训练处方,矮小及欠佳体型人群健身规律及训练处方,塑形、增高、减脂人群健身训练处方,表演专业人群健身训练处方。

第一节 极端体型人群健身训练处方

一、肥胖体型人群健身训练处方

（一）过度肥胖的原因

1. 饮食习惯

不良的饮食习惯是导致肥胖的重要因素之一。摄入过多高热量、高脂肪、高糖和高盐食物，如快餐、甜食、零食和汽水等，可能导致摄入的热量超出身体消耗量，进而导致脂肪堆积，形成肥胖。

2. 缺乏运动

目前，随着时代的发展变化，许多人都存在运动不足的问题，受工作性质和日常娱乐方式等的影响，很多人缺乏体育锻炼，很少进行身体活动。缺乏运动会减慢人体的新陈代谢速度，使身体无法有效地消耗摄入的能量，最终导致脂肪堆积，形成肥胖。

3. 遗传因素

遗传因素在肥胖的形成过程中也会起到一定的作用。有些人的新陈代谢速度较慢，容易在体内累积多余的脂肪。如果一个家族中有肥胖的人，那么他们的后代患肥胖的可能性也比较大。

4. 心理因素

肥胖也与压力、情绪波动、抑郁等心理因素相关。在心情不佳或焦虑的情况下，有些人会通过暴饮暴食来寻求安慰和减轻压力，这种饮食方式会导致脂肪堆积，形成肥胖。

5. 睡眠质量

睡眠不足和睡眠质量差也容易导致肥胖。缺乏足够的睡眠会扰乱身体内分泌系统的正常功能，可能导致食欲增加、饱腹感减少、新陈代谢受影响，从而增加摄入过多食物和脂肪堆积的可能性。

（二）过度肥胖的健身训练处方

1. 有氧运动

有氧运动如跑步、快走、骑车、游泳等活动，可以有效地消耗热量，从而有助于减少脂肪堆积。练习者每周可以参加总时长为150分钟的中等强度有氧锻炼，或者进行75分钟的高强度有氧运动。

2. 力量训练

进行力量训练可以增加肌肉力量，提高新陈代谢速率，有助于促进脂肪燃烧。练习者可以进行举重、俯卧撑和深蹲等运动来训练力量。每周可进行2~3次力量训练。

3. 高强度间歇训练

HIIT是通过间歇性高强度运动和休息来提高心率并增强代谢效果的训练方法。例如，快速跑步30秒，然后放慢步伐1分钟，重复多次。每周可进行1~2次HIIT训练。

4. 瑜伽或普拉提

这些练习可以提高身体灵活性、塑身健体，并增强核心力量，同时也有助于减压和放松。每周可进行1~2次瑜伽或普拉提练习。

此外，适当的饮食管理也是减肥的关键。要矫正肥胖体型，关键在于确保摄入的是均衡的饮食且摄入量得到了较好的控制，还要遵循健康的饮食习惯。记得始终保持适度的锻炼强度，避免过度训练损伤身体。最重要的是，保持长期坚持的态度，健康的减肥是一个循序渐进的过程，需要时间与耐心。

二、过瘦体型人群健身训练处方

（一）过瘦的原因

1. 遗传因素

个体的遗传基因可能会影响其新陈代谢速率、能量消耗和脂肪储存情况，从而导致其身体形态过于瘦弱。

2. 心理因素

一些情绪问题，如压力、焦虑和抑郁等，都有可能会改变人的饮食习惯，使人摄入的热量减少，进而导致体重下降。

3. 食物摄入不足

长时间食物摄入不均衡、缺乏足够的营养也可能会造成体重过轻。不良的饮食习惯或未能获得充足的营养可能导致身体的能量供应不足，从而影响体重。

4. 消化吸收问题

某些消化系统疾病、肠道问题或者甲状腺功能亢进等可能导致食物的消化吸收不良，使得身体无法充分吸收营养物质，进而影响体重的增加。

5. 慢性疾病

慢性疾病是导致人体过瘦的原因之一，常见的慢性疾病有以下 5 种：

（1）骨质疏松症

身体过瘦可能与钙、维生素 D 等关键营养元素摄入不足有关，这会导致骨骼中的钙流失，进而增加骨质疏松症的风险。

（2）免疫系统问题

如果人的免疫系统无法实现其正常功能，则会使人更容易感染病毒、细菌和其他病原体，从而导致人体虚弱、食欲不振，最终使人消瘦。

（3）营养不良

长期以来，营养不良会导致多种健康问题，包括贫血、脱发、皮肤问题和能量不足等，身体无法得到充足的能量供应，进而导致体重下降。

（4）不孕不育

不孕不育会导致人体内的激素水平发生变化，当雄激素或者孕激素水平过高时会导致人的食欲下降，从而引起消瘦。

（5）机体代谢紊乱

身体过瘦可能与机体代谢紊乱有关，如糖尿病、甲状腺问题和肾上腺功能不全等。代谢紊乱会使身体消耗过多的能量，从而出现日渐消瘦的症状。

（二）过瘦的健身训练处方

1. 重量训练

进行重量训练如举重、深蹲、卧推等，可以提高和加强肌肉质量和力量。重量训练主要训练大型肌肉群，包括大腿、胸部、背部和肩部肌肉。根据个人运动情况和恢复时间，可以每周安排 2~3 次重量训练。

2. 肌肉耐力训练

进行肌肉耐力训练有助于提高肌肉耐力、增强体态的稳定性。练习者可以选择相对较轻的负重进行多组多次练习，如选择平板支撑、俯卧撑和深蹲等动作。进行肌肉耐力训练的频率应保持每周 2~3 次。

3. 弹力带训练

弹力带是一种便捷的工具，可以用于增加肌肉力量和形成身体线条。使用弹力带进行拉伸、扩展和固定动作，可以有效锻炼全身肌肉。每周可进行 2~3 次弹力带训练。

和肥胖体型矫正一样，适当的饮食管理也是增加体重和提高肌肉质量的关键。

过瘦者应确保自己摄入足够的蛋白质、碳水化合物和健康脂肪,以支持肌肉生长和恢复。另外,记得要给自己足够的休息时间,以便肌肉得到充分的修复和生长。最重要的是,保持耐心和坚持,提高肌肉质量是一个循序渐进的过程,需要时间和恒心。

第二节 矮小及欠佳体型人群健身规律及训练处方

一、矮小人群健身规律及训练

(一)矮小人群健身规律

1.制定适合自身情况的目标

根据个人的身体构造、健康状况和生理状况来制定符合个人需求的健身目标。这可能涵盖增强肌肉力量、保持心肺健康,以及改善体态等方面。

2.进行全身综合性训练

进行全身综合性训练有助于提升身体各方面的能力,如力量、耐力、灵活性和协调性等。综合性训练包含了重力训练、有氧训练以及柔韧性训练等多种运动方式。

3.避免过重的负荷

身材矮小的人的骨骼和肌肉可能发育得较弱,在进行健身锻炼时,应该合理安排运动负荷,以免造成不必要的伤害。

(二)矮小人群训练处方

1.普通增高锻炼法

站立,两脚分开同肩宽。双手上举,两手指交叉翻腕,手心向上,用力带动身体向上,同时提踵,然后手放下,再在背后交叉相扣,脚跟着地,脚尖翘起。重复10~12次。

站立,两脚分开同肩宽。两臂侧平举,向前轮流转动腕、肘和肩各关节各10~12次;手放下,放松后,再按相反的方向重复刚才的动作。

站立,两脚分开同肩宽。头向左右两侧歪,尽力使耳朵贴肩(不得耸肩),每侧各重复10~12次。

站立，两脚分开同肩宽。屈体，用手指（手掌）触地，重复20次。

站立，两腿分开略比肩宽。身体后仰，尽力用手指摸脚后跟，重复20次。

站立，右腿弯曲，将脚踝放在左腿膝盖上，身体前倾，用手指摸地面，每条腿重复10次。

站立，双手从背后抓住床的横杆或椅子的靠背（两脚要平衡）下蹲，重复20次。

站立，两脚并拢，身体前倾，用前额触膝盖，重复20次。

2. 脊椎增长锻炼法

坐姿，右腿屈膝平放在地板上，左腿弯曲斜插放在右侧，左脚踝外侧在右腿膝盖处。上体向左转动，同时深吸气，右手抓住右脚掌，左手于身后摸右大腿，下巴放在左肩上。保持该姿势数秒钟，并屏住呼吸，然后边呼气边慢慢还原。接着右手从右脚掌移动到左腿膝盖处，后仰，恢复至开始姿势。转动两次后换方向再做。

双腿并拢站立，手上举，深吸气。屈体，用手摸脚趾，鼻子触膝，呼气。保持该姿势5秒，还原，重复4次。

俯卧，深吸气，抬头，顶肩，用手支撑，再后仰上体，屏住呼吸。保持该姿势7~12秒，然后慢慢呼气，还原，重复数次。

仰卧，全身放松，慢慢直腿上抬，与躯干形成90度夹角，接着屈臂，用手和肘支地，将上体撑起。保持该姿势3~4秒（以后逐渐增加至10秒）。用鼻进行慢而深的呼吸，然后还原。

双腿伸直坐在地板上，右手抓住左脚趾，用力把腿拉起，左手触摸右脚。保持该姿势1~2分钟，缓慢地深呼吸。注意，双腿不要弯曲。

仰卧，两臂伸直略外展放于体侧。把腿上抬至45度时稍停，再抬至90度稍停，接着继续将腿举至头上方，停数秒，然后腿从头上压下，用脚趾触地，做深呼吸。注意，腿不要弯曲。

两脚分开，两臂侧平举，屈体侧转，用左手触摸右脚趾。保持该姿势5秒，再还原，换侧再做。每侧各做2次。

人一旦进入成年期，骨骼停止生长，身高也就无法再通过训练来增加。因此，对于已经成年的矮小人群，可以通过姿势训练、脊柱拉伸、核心肌群训练、正确的姿势和穿着合适的服装等方式，改善整体身高的视觉效果。

二、脊柱异型人群健身训练处方

（一）物理治疗

由物理治疗师根据个体情况制订适合的治疗计划。物理治疗可能包括拉伸、肌肉强化、脊椎牵引等，其可以改善姿势和纠正脊柱畸形。

（二）持续运动和锻炼

持续的运动和锻炼有助于加强脊柱异型人群的核心肌群、改善身体对称性和平衡性。例如，瑜伽、腹肌训练、背部和脊柱的强化运动等，有助于增强他们的脊柱稳定性和改善他们的脊柱姿势。

（三）矫正器具

对于严重的脊柱侧弯或畸形，医生可能会推荐使用矫正器具，如脊柱支架、矫形背带等。这些器具可以帮助他们支撑脊柱、纠正姿势和减轻症状。

三、"O"形腿人群的健身训练处方

（一）强化内侧肌肉群

进行针对大腿内侧肌肉（如内侧收缩肌）的锻炼，有助于加强内侧肌肉群，从而改善下肢的对称性。常见的锻炼方法包括内收运动、坐姿内侧收缩等。

（二）腿部拉伸

腿部的拉伸练习有助于缓解肌肉紧张，改善关节的灵活性。同时有助于调整下肢的对称性，特别是针对大腿内侧和小腿外侧的拉伸很有帮助。

（三）足部支撑和平衡训练

进行足部支撑和平衡训练，有助于加强脚踝周围的肌肉力量，提高踝关节的稳定性，从而减轻"O"形腿对脚踝的影响。

（四）身体姿势训练

保持正确的身体姿势对于调整下肢的对称性非常重要。进行站立和行走时的姿势训练，可以帮助"O"形腿人群纠正不正确的姿势，减轻"O"形腿的影响。

第三节 塑形、增高、减脂人群健身训练处方

一、塑形人群的健身训练处方

（一）控制总热量摄入

那些处于塑形阶段的人通常会根据他们的目标来管理每天饮食摄入的总热量，以便在增加肌肉或减少脂肪的过程中作出相应的调整。在增肌阶段可能需要增加热量摄入，而在减脂阶段可能需要减少热量摄入。

（二）蛋白质摄入

在进行运动锻炼以达到塑形目的的过程中，蛋白质是不可或缺的营养元素，它对于增加肌肉含量和促进组织修复具有关键作用。一般来说，建议塑形人群每天摄入适量的蛋白质，这有助于维持肌肉的健康状况，并促进肌肉在运动后的修复和生长。

（三）碳水化合物摄入

在塑形过程中，碳水化合物是身体获得能量的一个主要来源，对于提高运动效率至关重要。一般来说，进行身体塑形训练的人会根据训练的强度和目标，以合适的方式调控碳水化合物的摄入量和摄入时间，以确保获得足够的能量和避免摄入过量的碳水化合物。

二、增高人群的健身训练处方

（一）补充充足的蛋白质

在人体生长发育过程中，蛋白质是必不可少的营养成分，对于那些想要增高的人来说，补充足够的蛋白质十分重要。建议增高人群每天摄入的蛋白质总量是每千克体重的 1.2~1.5 克。

（二）适度的脂肪摄入

脂肪是人体需要的一种重要的营养物质，但摄入过量会导致体重上升，可能影响身高的增长。建议增高人群每日摄入的脂肪应该占每天所需总能量的 20%~30%。

（三）维生素和矿物质的均衡摄入

身体的发育需要保持必需营养物质的供给，如维生素和矿物质。缺少其中任何一种营养物质都可能对身高发育产生影响。由此可见，想要增高的人需要确保摄入充足且多样化的维生素和矿物质。

（四）适当控制食盐摄入

过量的食盐摄入会导致身体水分潴留，影响身高的增长。因此，增高人群需要适当控制食盐的摄入量，建议这类人群每天摄入的食盐不超过6克。

三、减脂人群健身训练处方

除了肥胖人群，以下人群也有减脂需求：即使没有达到肥胖的程度，体重在正常范围内，但超出理想体重范围的人也可能希望减脂，以降低患心脏病、糖尿病和其他慢性疾病的风险；某些运动项目对身体素质和体重有严格要求，如体操、柔道等，因此运动员可能需要减脂以达到特定的比赛要求。

（一）调整饮食结构

减脂人群的饮食原则是在控制总摄入热量的前提下，增加优质蛋白质的摄入、减少脂肪摄入、选择复杂碳水化合物以及增加新鲜蔬菜和水果的摄入量。

有减脂需求的人群可以适当控制碳水化合物的摄入量，增加蛋白质的摄入量，限制脂肪摄入，并确保补充足够的维生素、矿物质、微量元素和食物纤维。合理控制总热量摄入，并确保摄入的蛋白质、脂肪和碳水化合物比例的合理分配，可以达到营养均衡的目的。这样既可以减轻体重，又能满足身体成长发育所需。

（二）改进饮食习惯与方式

第一，合理分配三餐，正常一日三餐饮食的能量分配应为3:4:3。减肥者科学的三餐热量分配大约为早餐占全天总热量的28%，午餐占39%，晚餐占33%，也可根据实际需要作适当调整。第二，少食多餐，减脂人群一天可吃4～6餐，但总热量须在限度以内。避免少餐多吃，这可减少餐后胰岛素的分泌和体脂合成，可使胃容积缩小，减少饥饿感。第三，人体在夜间分泌的消化酶比白天更活跃，因此夜间的消化和吸收功能更为高效。如果晚餐热量摄入过多，再加上晚间活动量较少，有可能增加体内脂肪的堆积。晚餐时最好不要吃得太饱，应选择简单清淡的食物。可以考虑在早餐增加热量摄入，同时减少晚餐的热量摄入。

(三)适当控制食量

控制饮食热量或规律进食并不意味着禁食。当人体摄入的糖类和脂肪过少时,储存在人体中的脂肪会被转化为热量以满足身体正常活动的需求,这可能导致低血糖的情况发生,从而出现头晕、心跳过快、疲惫等症状。因此,控制饮食应该逐步减少食物摄入量,应注意保持一定程度的饥饿感,同时确保有足够的精力和体力进行正常活动。一般建议将摄入量降低至正常热量需求的 60%~70%。

第四节 表演专业人群健身训练处方

一、表演专业人群健身训练概述

当表演专业的人群在刚开始接触表演时往往会面临改变自身在长期生活中养成的不良以及不正确的肢体习惯的挑战。有的因长期背单肩书包而养成一肩高一肩低的体态,有的有扣胸习惯,有的走路习惯送胯或翘臀,等等。这时采用芭蕾舞训练中的舒展、挺拔、控制等训练方法和吸取中国古典舞中的古典身韵、周身协调、刚柔并济、以神领形、以形传神、内外结合的风格特点,可以解决健身训练的初级问题。

表演专业人群的健身训练首先要进行技能、技巧的训练和肢体感知、肢体语言的训练。比如,训练武术、体操、戏曲中的摔、爬、滚、打、翻的技能,以便合理地将其运用到影视剧或舞台戏的人物创作中,实现技能、技巧动作的真实再现。在特殊形体变形、摔跤、伤残、中弹等的表演中,可以将武术、擒拿、打斗或骑马、驾车、游泳、射击中的技巧以及各种生活、生产、劳动技能融入表演中。

技能、技巧的训练主要是帮助表演专业人群在创作角色时做到既有真情实感,又能确保自身安全;既能切实从人物情节出发,又能做到不露痕迹地运用技术。

现代舞训练主张透过舞蹈语汇来自由表达思想与情感,以肢体语言协动心灵,找到人体—心灵—音乐的最佳结合点的创作理念。技能、技巧的训练是提高表演专业人群的肢体感知能力、丰富表演专业人群的肢体语汇、提高表演专业人群肢体语言表现力的两种行之有效的手段。

二、表演专业人群健身训练处方

（一）松弛与控制

表演专业人群的健身训练要求是让身体放松，消除紧绷感，保持身心平衡。然而放松并非懈怠，表演专业人群需要学会消除身心和肌肉的紧绷感，掌握放松的技巧，以便让自己的意志灵活控制身体的各个器官。

松弛会使形体动作准确而适度、有效而省力，能使表演者形成有节奏、有控制地运用肌肉的能力，而松懈则是没有控制的松散懈怠。

斯坦尼斯拉夫斯基（Stanislavski）曾经说过："演员进入创作状态的基本条件应该是形体松弛，没有多余的肌肉紧张，身体器官完全受演员的意志支配，只有这样，演员才能用身体表达他心灵中所感觉到的东西。"[①]

紧张与放松是肌肉工作的特性，是同一事物具有的两种运动方式。若情绪激动和心理紧张，则会反射性地引起肌肉紧张，导致肌肉弹性下降、肢体失灵、僵硬。

近年来，世界各国都很重视对表演专业人群的健身训练的研究和实践，其目的是将表演者从紧张中解放出来。这样可增进健康，提高身体素质。

因此，调整身心的放松技术应该是一种训练手段。肌肉的紧张与放松是大脑皮层兴奋与抑制过程相互转换的外部表现。主动放松肌肉可以使脑部神经兴奋度降低，从而增强人体在接受各种刺激后，肌肉反应的敏锐性和协调性。如果肌肉反应的敏锐性和协调性遭到破坏，动作便会违背创作意志而失去控制，这时必须用松弛来实现表演者健身动作的自我调整。松弛与控制可以有效地达到塑造人物形象的目的。

可见表演专业人群学会自觉地调整与控制自身形体动作和排除多余紧张的技能是多么的重要。因此，在健身训练中始终都要注重松弛与控制的训练。

1. 呼吸

从呼吸入手，盘腿坐地，双臂从两侧由上而下划，两手扶膝，深吸慢呼，做到呼吸均匀缓慢、细微绵长。只有心息相依、呼吸与动作配合一致，注意力才能集中，身体才能进入松弛状态。

2. 身体各部位放松

分腿站立，双臂在三位。从手指尖开始，像流水般的向下划动，手、小臂、

[①] 郑雪来选编：《斯坦尼斯拉夫斯基论导演与表演》，中央编译出版社2012年版，第37页。

大臂、肩、胸、腰、胯、大腿、小腿到脚趾，每一个部位都要随着音乐依次地动起来、抖起来。第一组抖到脚后跟，全身瘫蹲；第二组与第一组动作一样，最后可瘫坐；第三组同样与第一组动作一样，但最后可瘫软松弛地侧躺下。

3. 注意力集中

注意力集中是紧张的克星。训练者可给诸多的提示，在音乐中逐个地、有变化地让表演者跟着提示做动作。例如："走""跑""跳"；篮球中的"三步投篮"；足球中的"射门""钻洞"，洞口很小，身体要蜷缩才能钻进去；"上够"，要认真地去够上面的东西等（无实物）。注意力集中，认真地去做每一件事，便可忘掉杂念，使身体进入正常的创作状态。

4. 游戏

训练之前的准备活动或训练即将结束时，可加入一些游戏练习，这样既可活跃训练时的气氛和提高表演者的学习兴趣，又能使他们排除杂念，充分放松肢体。例如，"老鹰抓小鸡""猫抓老鼠""跳绳（无实物）""抢占位置""舞台补空练习"等。

舞台补空练习能使表演者观察和感受到整个舞台。它要求场上不要留有空缺，哪里有空缺就要填补上去，让暂时的"舞台"形成一种"饱和"的美。在做游戏的过程中，训练者要给予各种提示，从而使表演者在游戏中做出快速的、下意识的反应。

（二）感觉与想象

1. 感觉

感觉是客观事物直接作用于人的感觉器官，在人脑中产生了对这些事物的个别属性的反应。或者说，物质作用于人们的感官而引起感觉；不通过感觉我们就不知道实物的任何形式，也不能知道运动的任何形式。这是辩证唯物主义对于感觉的解释。心理学家指出，感觉是人脑对客观事物的个别属性的主观反映。按照它的性质可分为视觉、听觉、嗅觉、味觉、触觉，其中包括温度觉、痛觉、运动觉、平衡觉和肌体觉。总之，感觉是探索人的心理感受的重要入口。

在表演中人们评价表演者表演的好坏时常常会说"这个表演者感觉很好，人物把握准确；那个表演者感觉不对，人物把握不准确"。表演者的感觉准确与否主要源于表演者表演时的心理行动和精神世界是否符合规定情境中人物的状态与特点。

因此，表演者认识与增强自身感觉器官的灵敏性，应依照人体感觉发生的运动规律来掌握和调动自身感觉器官。比如，我渴了、我饿了、我痛、我怕、我热、我冷、看见了、闻到了……根据不同的感觉，人体会做出不同的反应。人们的思维、动作、情感以至复杂的心理活动，都是在感觉的基础上产生的。可见，感觉是人的生存发展、行为交往、举止动作的基础。

表演专业人群的健身训练范畴是表演者形体动作的训练，而表演者所有的外部形态和形体动作都是"由内而外"的，是"有感而发"的。例如：兴奋——人体会不由自主地去释放；痛苦——人体会抑制不住地去宣泄；恐惧——人体会不由自主地收缩聚拢在一起；等等。表演者在塑造人物时会有不同的表现，有人谦虚谨慎、老成持重；有人自命不凡、趾高气扬；有人因心情不佳而精神不振；有人因心情喜悦而身心舒展；等等。这些都是自身的感觉器官与外界发生关系时而出现的形体动作，可见一定的心理感觉必然会从形体上反映出来。当一个人对另一个人因某种原因产生了憎恶和报复之心，语言已经不足以泄愤时，便会施以形体的暴力行为。横眉怒目、咬牙切齿甚至拳打脚踢；当男女双方产生了爱慕之情时，也将暗送秋波、心领神会，随其情感的发展施以形体的接触行为……

表演者必须储存大量的、丰富的感觉资料，因为"客观事物直接作用于人的感觉器官，人脑中就产生了对这些事物的个别属性的反映"。心理和身体的感觉越具体，形体动作所反映的心理活动的变化就越细腻。

感觉的积累需要一系列的身体感觉训练，需要大量直接的主观刺激，才能使表演者真实地感受到平时常见，却没有引起足够重视和注意的各种感觉。这种感觉需要通过刺激大脑，并在大脑的支配下用身体动作表达出来。

2. 想象

首先要明确，想象不是幻想，更不是空想。想象的基础是经验联想，想象是经验向未知出发，是此岸向彼岸的张帆远渡，是经验的重新组织。歌德（Goethe）曾说："想象是自由的，但又是合规律的。"①

对于表演专业人群来说，想象力是基本的创作能力，并且还是最具生动色彩的一个部分。想象可以使人思接千载、视通万里。在表演创作的天地里，表演者的想象力如同一炬长燃的火把，走到哪里、燃到哪里。想象力的活跃可引发表演者创作上的丰富与生动。想象是创作的动力，没有想象就没有创造。

如果说表演者的感觉、感受贵在细腻，那么想象则贵在具体。具体的想象是表演者想象的主要特点，而具体则必须建立在想象的逻辑性和层次性的基础之上。

---

① [德]爱克曼：《歌德谈话录 上》，朱光潜译，石油工业出版社 2018 年版，第 122 页。

想象是一种创造性的思维活动，是人与客观事物发生联系时通过间接或直接的感受、感知、感觉，在头脑中加工、改造，重新组合而成的一种心理过程。想象是诱发某种心境和推动形体运动的动力。头脑里产生的形象和身体感觉越细腻，形体动作反映出的人物的内心感受就越具体。想象不仅和人物情感、规定情境相联系，同时也连接着形体感觉。例如，当我们看到或提到山楂、柠檬、酸梅的时候，马上就会出现口腔和牙根发酸的感觉，甚至嘴里会自然分泌唾液，可谓"望梅止渴"；当回想起终生难忘的痛苦经历时，我们会不由得收缩肌肉，呼吸节奏也会随着改变，甚至有可能怒目横眉、咬牙切齿、摩拳擦掌等。只有当想象和表演者的形体感觉综合为有机统一的整体时，才能"身临其境"，这时想象便是推动艺术体现的动力。

3. 感觉与想象的训练方法

（1）无实物练习

感觉与想象自己在"小雨中漫步""在暴风雨中""在荒无人烟的大沙漠里""逃生"等，用肢体语言来体现。

（2）分解触摸练习

练习肢体（无实物）擦玻璃、上楼梯，各种人物性格体态或负重上楼梯，登山、推、拉、拽、撞等。

（3）特殊音效和变换节奏的训练

如风、雨、雷、电、枪声、炮声、哭声、笑声等特殊音效产生的害怕、沮丧、高兴等情绪，通过外力的刺激来体现肢体动作、节奏的变化。

（4）脸谱练习（无实物）

学生可用形体动作、面部表情来表现自己的脸谱。教师可用正常和诙谐等多种方式给学生充分的想象和创作空间。

身体是表演者从事创作的工具。表演者对自身形体、器官的支配调节与控制，是使感觉与想象变为艺术真实的纽带。

（三）表现力与节奏

1. 表现力

表现力就是展示和呈现的能力。它能把某种不易被见诸视觉的内容（思想、情感、感觉等精神活动），以相应的形式、相应的技巧加以表露和外化。

表演者的表现力是表现人的能力，即表现人之性格的能力，表现人之行为的能力，表现人之情感的能力。表现力是表演者运用一切创作素质与创作能力使"创作畅通"的交汇点。表演者身体的运用与表现、肢体与情感的融合、技巧与艺术的高度统一是健身训练的最终目的。

2. 节奏

《韦氏高阶英汉双解词典》中对节奏的定义为:"从运动的观点看,运动的范围加上运动的速度,再加以内心紧张的程度,谓之节奏。""就身体而言,它代表行走姿势、语音语调、遣词造句等种种身体动作和表情的一种重复形态;就心理而言,节奏就是对社会状况所产生的一种重复的行为反应"。[1]

节奏是一种有规律的循环再现的运动形式。节奏起源于劳动,又存在于大自然和日常生活中,如风、雨、雷、电的大、小、强、弱;人说话时的抑、扬、顿、挫,走路时的轻、重、缓、急等。表现在创作人物中的节奏,由快、慢、强、弱、起、伏、跌、宕等组成。不同的节奏可以突出不同的思想情绪,所以说节奏是表达人的感情力度的基础。

节奏不仅表现在人的外在形体动作上,还表现在人的内心活动的激烈程度、内在精神的张力上。节奏是塑造人物性格的重要组成部分,人物鲜明的情感特征正是通过外在和内在节奏的跌宕起伏来刻画和塑造的。

正因为节奏具有唤起某种情感的神奇力量,所以表演者在塑造人物形象时才格外注重运用节奏来获得正确的情感体验。比如:有人处事不慌不忙、慢条斯理;有人遇事反应敏捷、动作干净利落;有人做事总是风风火火;有人则干什么事都拖泥带水。一般来说,在人们的行为举止中,有什么样的行动目的和内心状态及人物性格,就会产生什么样的节奏。

3. 表现力与节奏训练

训练者在节奏训练中需要给表演者大量的提示,使其理解提示的内涵,并用外部动作展现出来。表演者可以在各种情绪的基础上,编排小的情节。比如:想、追求、梦幻、喜悦、欢乐、苦恼、悔恨、悲伤、忧郁、愤怒、仇恨、恐惧、害怕、厌恶、渴望、热爱等。表演者可以配合着音乐选择2~3个词汇来编故事,并用肢体语言表达出来。

要求:能够清晰地表达故事的本意;形体动作语汇选择要准确;内心节奏和外部节奏要符合人物性格。

---

[1] 梅里亚姆-韦伯斯特公司:《韦氏高阶英汉双解词典》,中国大百科全书出版社2017年版,第1344页。

第三章　形体礼仪与应用

　　礼仪也是形体训练的一个重要应用领域。本章将从形体礼仪与应用这一主题展开论述,分析以下三方面的内容:形体礼仪与礼仪姿态训练、形体在社交礼仪中的应用、形体在酒店接待及商务礼仪中的应用。

第一节　形体礼仪与礼仪姿态训练

一、形体礼仪基础

（一）礼仪的作用和意义

1. 礼仪的作用

礼仪是调节和处理人们相互关系的手段。具体来说，礼仪的作用有以下几个方面：

（1）尊重

尊重是相互的，即我们向对方表示尊敬和敬意，对方也还之以礼，即"礼尚往来"。

（2）约束

礼仪作为规范人们行为的准则，在约束个人行为方面具有重要作用。一旦制定并实施某种礼仪，则在很大程度上会产生社会行为规范和习惯，使人们的行为在有意识或无意识中受到限制。如果一个人不遵循规章制度、不遵守社会准则，那他将受到道德、舆论的谴责，甚至可能面临法律的惩罚。传统和现实的礼仪规范影响了家庭成员之间的关系，使人们养成了尊老爱幼的良好品德。父母对子女悉心照顾，子女恭敬孝顺父母，夫妻间平等对待、互相尊重，共同白头到老等，都是良好的家庭礼仪。

（3）教育

礼仪是一种道德规范，对社会中的每个个体来说都具有教化作用。一旦某种礼仪确立并得到巩固，便会融入社会传统文化之中，代代相传。"有朋自远方来，不亦乐乎""滴水之恩，当涌泉相报""己所不欲，勿施于人""君子成人之美""君子不夺人之好"这些古训都强调了以礼相待的重要性，教导人们关于待人处世的道理。在人类社会的发展进程中，礼仪的教育作用至关重要。

（4）调节

人际关系在人类社会中扮演着非常关键的角色。如果一个单位或整个社会中的人际关系变得混乱、紧张，那么要营造稳定团结的局面就会变得非常困难。礼仪作为一种规范，可以确立、维护和调整人们之间的互动方式。在人与人的交往中，若出现了矛盾或需要加强沟通，通常需要借助特定的礼仪形式或活动来解决矛盾或增进感情。举办聚会和娱乐活动等方式可以促进健康、积极的人际关系的建立和加强。

2. 礼仪的意义

在当今社会中，尽管国家规模不同、人口数量各异、社会结构也多种多样，但所有文明的民族都非常重视礼仪。在人际交往中，人们通常认为讲究礼仪是显示国家和民族文明程度的重要因素。一个人的礼仪举止往往能够反映出他的道德修养和教养。

（1）讲究礼仪是建设有中国特色社会主义精神文明的需要

讲究礼仪的文明行为是人类历史发展的产物和要求。它反映了人类的发展和进步，标志着人类生活摆脱了野蛮和愚昧。在人类精神文明发展史上，依次出现过奴隶社会的精神文明、封建社会的精神文明、资本主义社会的精神文明。如今我们要建立的是社会主义社会的精神文明，这是人类精神文明发展的新阶段，它体现了社会主义制度的优越性，体现了共产主义理想的先进性。在当前，它对加强国际交往、增进我国人民与各国人民的友谊具有十分重要的现实意义和深远的历史意义。

（2）讲究礼仪是文明社会公民应有的行为规范

人与人之间的互相观察和了解，一般都是从礼貌礼节开始的。社会主义社会的礼貌礼节是建立在人与人相互平等、相互尊重的思想基础上的。只有尊重别人、关心别人、体贴别人，才会在人际交往中注意自己的言行、养成良好的礼貌习惯、具有彬彬有礼的风度。因此，讲究礼仪不仅是文明社会公民应有的行为规范，也是为人们创造团结环境的需要，是人际关系和谐的润滑剂。

（3）讲究礼仪是对外交往的先决条件

随着我国对外开放程度的加深，我国与其他国家的交流更加频繁，这促进了外贸和旅游行业的快速发展，以致来中国的外国访客、商务人士、游客，以及回国探亲的华侨、港澳台同胞数量持续上升。很多工作是面向世界的工作，处事适宜、待人以礼是当代人的应有风范，也是我国人民的优良传统。要做好服务接待工作，就必须了解各国的国情和民俗，懂得各国的生活方式、饮食习惯以及爱好和忌讳，以便采取正确的服务方式，使客人乘兴而来，满意而归。

（二）现代礼仪应遵循的原则

现代礼仪是由社会交往活动中的人们共同完善而形成的一套规范，广受人们认可，它用以指引人们在社交场合中的行为。无论是在商业领域还是服务领域，在与他人互动和交流时，人们都应该积极学习和遵守现代礼仪标准，遵守社会规范。

现代礼仪应遵循以下 8 个原则：

1. 尊重原则

在各种人际交往活动中，人们既要相互尊重，又要维护自己的尊严，尤其在涉及国际交往活动时，应当坚定维护本国利益和民族尊严，确保国家形象和个人尊严不受损害，展现出自信和尊重的态度。在社会交往中，人们需要彼此尊重，以保持和谐、愉快的关系。

2. 平等原则

人们必须平等地对待每一个交往对象，不偏袒任何一方。不应该因为交往对象在性别、年龄、身份地位等方面的不同而歧视或区别对待，而应该以公平和一视同仁的态度对待所有人。值得注意的是，在进行人际交往时也应该根据不同人的特点采用不同的交际策略。

3. 宽容原则

人们在交际中不仅需严于律己，更要对他人保持宽容的态度。需要包容体谅他人，不要太在意琐事，过分要求别人做什么和不做什么。

4. 敬人原则

在构成礼仪的两方面内容中，对待他人的做法要求比对待自己更为严格，这也是礼仪的关键与核心。在任何情况下都必须尊重他人，不可用言语侮辱他人或侵犯他人的尊严，更不可践踏他人的人格。掌握了这个要点就等于掌握了礼仪的关键。

5. 遵守原则

礼仪是指引人们行为的准则和行事的规范，是社会成员共同价值观的体现。在社交场合，每个人都应该自觉地遵守礼仪。每个人都应该树立自我责任感和义务感，严格遵守礼仪规范。无论身份、地位或财富如何，都应当自觉遵守礼仪，以营造良好、和谐、友爱的社会环境。

6. 适度原则

当谈论现代礼仪时，更重要的是与他人的互动和交流需要保持在适当的界限内，并且要注意分寸感。在不同的情况下，与不同的人相处时，要保持自信、得体、大方的状态，要把握好恰当的表达方式。在与人相处时，应该既保持礼貌，又不要过分谦卑；既保持热情和真诚，又不能过于阿谀奉承。

7. 自律原则

礼仪规范包含了对待自己和对待他人两方面的要求。其中，自律是礼仪的根本要求。在学习和实践礼仪方面，最关键的是自律、自制、自我管理、自我评价和自我反思。在寻求他人尊重之前，我们应该审视自己的行为是否符合社交规范。

8. 从俗原则

在不同的国家、民族中，我们应该尊重当地的风俗习惯、历史文化等，与当地人保持一致，不要自以为是或看不起他人。

（三）形体礼仪

形体礼仪指的是人们在不同社交场合中的仪表举止，包括姿势、步态、目光和面部表情等方面。这涵盖了个人形象、品德，以及对他人的尊重和关注等。具体来说，形体礼仪包括以下几个方面：

一是姿势。正确的坐姿、站姿、步态等，能展示出一个人的自信和得体的外表形象。

二是目光。在与他人交流时，应该保持适当的眼神交流，以示对别人的尊重。

三是面部表情。微笑是常见的面部表达方式之一，可以传递友好和善的情绪。

四是动作。在社交场合中，需要熟练掌握握手、问候和示意等常见的礼仪动作。

五是仪态。个人的整体仪态和举止应该庄重得体、不粗俗或过于随意。

形体礼仪的适用范围涵盖商务、社交等多个场合。在商务活动中，适当的仪态举止对于塑造积极的个人形象、加强交流效果至关重要。在社交场合中，得体的举止和态度能够使他人感到舒适和轻松，有助于营造积极的沟通氛围。在公共场合，良好的仪态举止可以彰显自己的修养和教养水准，为他人留下良好的印象。

二、礼仪姿态训练

（一）站姿训练

社会交际场合中的站姿是十分重要的，它反映着人们自身的素养。站姿练习可以使自己的身形更加挺拔，举止更加得体、自然，它在实际生活中经常用到。

1. 垂臂式站姿

（1）预备姿势

双脚呈"V"型，保持站立的基本姿态，面带微笑，双目平视，双手自然下垂。

（2）动作要求

收腹挺胸，保持上体端直；双臂自然下垂，面带微笑。

2. 双手前交握式站姿

（1）预备姿势

女生双脚呈"V"型，男士双脚平行开立，距离不超过肩宽，面带微笑，双目平视。

（2）动作要求

收腹挺胸，保持上体端直，呼吸均匀；双手交叉于体前，右手虎口卡住左手虎口，左、右手在上均可。

3. 双手后交握式站姿

（1）预备姿势

双脚呈"V"型，保持站立的基本姿态，面带微笑，双目平视，双手自然下垂。

（2）动作要求

收腹挺胸，保持身体站直，呼吸均匀；双手交叉于背后，置于骶骨上方，右手虎口卡住左手虎口，左手在上。

4. 单臂后背式站姿

（1）预备姿势

左脚跟靠在右脚内侧中间，呈左丁字步，左手放在背后，右手自然下垂，面带微笑，双目平视。

（2）动作要求

收腹挺胸，保持身体端直，呼吸均匀；注意身体整体协调与站姿的美感。

5. 单臂前屈式站姿

（1）预备姿势

左脚跟靠在右脚内侧中间，呈左丁字步，面带微笑，双目平视。

（2）动作要求

左（右）臂弯曲，抬至腰际，左（右）手心向里，手指自然弯曲，右（左）臂自然下垂；注意呼吸均匀，身体整体协调，使站姿富有美感。

6. 练习要点

注意肌肉张弛的协调性，强调挺胸收腹，平肩梗颈，两肩与双臂肌肉应适当放松，呼吸要自然；以标准站姿的形体为基础，注意矫正不标准的站立姿势；要强调眼神、面部表情与站姿的配合，全面显示站立姿态的美。

（二）坐姿训练

1. 基本坐姿练习

在人们的生活和工作中，坐姿也是一种重要的动作姿态。坐姿是人体的一种静态造型，是体态美的重要内容，它能反映出人的气质、风度和教养。不正确的坐姿会使人显得懒散、无礼；娴雅、端庄、稳重的坐姿则给人自然、大方、得体的美感。

（1）坐姿练习

①预备姿势。女生双脚呈"V"型，男士双脚开立、平行，距离不超过肩宽；保持站立的基本姿态，目视前方，面带微笑。

②动作要求。女士捋裙的动作要娴雅得体；女士应坐椅子的2/3，不可坐满椅子，也不可只坐1/3，男士可坐满椅子；坐在椅子上后，上体要端直，女士双膝并拢，双手交叉置于小腹前，男士双膝可略开一拳距离，双手分别置左右腿上或椅子的左右扶手上。

（2）起立姿势练习

①预备姿势。女生双膝并拢，坐于椅上，身体端直，双手交叉置于腹前，目视前方；男士双脚并拢，双膝略开，双手分别置于左右腿上或椅子扶手上，目视前方。

②动作要求。起立时左脚要用力蹬地，要注意重心的移动过程；无论是坐着，还是站立，都要保持上体端直。

2. 女士常用的优雅坐姿练习

娴雅优美的坐姿是女性姿态美的重要方面。在交际场合和社会生活中，女性的坐姿美对社会交际效果有着潜在的影响。女性的坐姿总体要求是娴静优雅。掌握正确而优美的坐姿会增加形体的美感与魅力。

（1）端坐式坐姿

双腿垂直于地面，双膝双脚完全并拢，双手交叉置于腹前；上体稍稍前倾，挺腰、立腰、紧膝。

（2）双脚侧置式坐姿

脚尖内侧着地，脚跟离开地面；双手姿势交叉置于腹前。

（3）双脚前后交叉式坐姿

左腿伸出，脚尖绷直，右脚掌着地；左右大腿要紧靠。

（4）侧转双腿开关式坐姿

左侧转身坐时，左脚在前右脚在后，右脚尖内侧着地，双膝紧靠；后背端直，不要靠椅背。

（5）侧转双腿并拢式坐姿

左小腿收于右小腿前，双腿紧并。双脚脚尖内侧着地，脚跟抬起；双手交握在腹前，不要靠椅背。

（6）双腿交叠式坐姿

左腿重叠于右腿之上，要用力向里收小腿，脚背要绷直；双手交握在腹前，要注意姿势协调。

（7）练习要点

坐姿训练应注意头、胸、髋三轴与四肢的开、合、屈、直对比与配合得当，只有协调自然，坐姿才会优美。另外，注意不同场合应选择不同的坐姿。

3. 男士常见的庄重坐姿练习

男士庄重的坐姿能给人深沉稳重的印象。在交际场合和生活中，男士的坐姿对社会交际效果也有着潜在的影响。得体的坐姿会使人产生信赖感，表现出男性的阳刚之气。

（1）并式坐姿

保持上体端直，上体可以靠在椅背上，双手放在大腿上；双膝的距离不要超过肩宽，双腿可略向前伸。

（2）开膝合手式坐姿

双腿垂直于地面，双脚并拢、双膝微分，距离不超过肩宽；上体端直，双手交握放于腹前。

（3）侧身并式坐姿

在并式坐姿的基础上，两小腿交叉向右斜出，双膝双脚并拢时，要注意小腿垂直于地面；左倾的身体与左肘关节置于扶手，右手扶膝盖的动作要协调。

（4）双腿交叠式坐姿

右腿叠在左膝上部，右小腿内收贴向左腿，脚尖下点；上半身可以靠在椅背上，双手合握或放于扶手处。

（5）练习要点

注意四肢配合，只有协调自然，才会产生美感；男士坐姿要显示出庄重沉稳的内在气质，表现出男子的阳刚之气；领会不同坐姿适用的场合。

4. 不雅坐姿

不雅坐姿既不美观，也有可能危害人的身体健康。因此，在日常生活中，要尽量避免下列不雅坐姿：分腿过大、直腿前伸、露鞋底、鞋子半挂于脚上。

（三）走姿训练

1. 行走姿态的基本练习

行走是人的基本动作之一，行走姿态的好坏反映了人的内在素养与文化素质的高低。行走的姿态是动态美的体现，能产生很强的感染力。

（1）走姿分解动作练习

①预备姿势。收腹挺胸，开肩梗颈，沉肩紧臀；女生双脚呈"V"型，男士双脚呈开立式，两脚间距不超过肩宽；双手自然下垂，保持站立的基本形态，目视前方，面带微笑。

②动作要求。左右下斜举臂与前移重心动作要协调。

（2）行走连续动作练习

①预备姿势。收腹挺胸，开肩梗颈，沉肩紧臀；女生双脚呈"V"型，男士双脚呈开立式，两脚间距不超过肩宽；双手自然下垂，保持站立的基本形态，目视前方，面带微笑。

②动作要求。始终保持上体端直、收腹挺胸和开肩梗颈；注意随着重心不断前移身体姿态要不断变化，要形成和谐的美感。

（3）步度控制练习

①预备姿势。收腹挺胸，开肩梗颈，沉肩紧臀；女生双脚呈"V"型，男士双脚呈开立式，两脚间距不超过肩宽；双手自然下垂，保持站立的基本形态，目视前方，面带微笑。

②动作要求。始终保持上体端直，收腹挺胸，开肩梗颈并且保持目光平视，面带微笑；注意随着重心不断前移身体姿态要不断变化，要形成和谐的美感；对步度进行控制，男士每步40厘米，女士每步30厘米，一拍一步，反复练习；严格控制步度，形成标准的走姿。

（4）步位控制练习

①预备姿势。收腹挺胸，开肩梗颈，沉肩紧臀；女生双脚呈"V"型，男士双脚呈开立式，两脚间距不超过肩宽；双手自然下垂，保持站立的基本形态，目视前方，面带微笑。

②动作要求。始终保持上体端直、收腹挺胸和开肩梗颈；注意随着重心不断前移身体姿态要不断变化，要形成和谐的美感；对步位进行控制，男士"走两点"，女士"一条线"，一拍一步，反复练习，注意手臂摆动、双脚移动和步位控制之间的协调。

男士"走两点"是基本要求，即左右脚着地位置不在一条线上；女士"一条线"是严格要求，即左右脚着地位置在一条线上。

（5）步速控制练习

①预备姿势。收腹挺胸，开肩梗颈，沉肩紧臀；女生双脚呈"V"型，男士双脚呈开立式，两脚间距不超过肩宽；双手自然下垂，保持站立的基本形态，目视前方，面带微笑。

②动作要求。始终保持上体端直、收腹挺胸和开肩梗颈；注意随着重心不断前移身体姿态要不断变化，要形成和谐的美感；对步速进行控制，男士每分钟约110步，女士每分钟约120步，通过口令或音乐反复练习；男士要走得潇洒，女士要走出柔美；练习时要保持上体形态的端直，双臂的摆动幅度要适度；要注意增强腰、背、胸、腿和手臂的力量和控制能力；要重视步度与步位练习，这是形成良好走姿的基础。

男士每分钟110步，女生每分钟120步只是参考数据，可根据自身条件适当调整。可选节奏感不强的音乐如布鲁斯、福克斯、探戈、狐步、华尔兹等来配合练习，这样不仅可以进行速度训练，而且在音乐中可以体会到优美走姿带来的心理享受。

（6）前行90度转身步

在行走中，需要转身改变方向时，要采用简洁合理的途径，体现出步伐的规范和走姿的优美。

①预备姿势。收腹挺胸，开肩梗颈，沉肩紧臀；女生双脚呈"V"型，男士双脚呈开立式，两脚间距不超过肩宽；双手自然下垂，保持站立的基本形态，目视前方，面带微笑。

②动作要求。无论是前行左转身还是前行右转身，都要找准转身时所用的轴心脚；转身的姿势要优美，体态要协调。

（7）前行180度转身步

①预备姿势。收腹挺胸，开肩梗颈，沉肩紧臀；女生双脚呈"V"型，男士双脚呈开立式，两脚间距不超过肩宽；双手自然下垂，保持站立的基本形态，目视前方，面带微笑。

②练习要点。保持上体端直，控制双肩，不晃动；按不同的音乐节奏进行变向行走练习，增加姿态的感染力。

2. 错误走姿

错误的走姿主要有以下几种情况：

(1)出脚方向错误的走姿

例如,外八字、内八字出脚。

(2)松髋走姿

髋部松懈造成髋部在走路时左右摆动。

(3)屈膝弓背式走姿

走路时膝关节不能挺直,重心下降,后背弯曲,低头。

(4)晃肩

两肩随着两臂的摆动前后晃动,男士多出现这种走姿。

3. 不同情况下的走姿

走路时,如果穿平底鞋应该确保脚跟先着地,然后顺利地将重心从脚跟移到脚掌;转移重心时,要保持适当的平衡,要确保过渡平稳;穿平底鞋时步子相对较大,可以根据身高和腿长来调整步幅。

如果穿平底鞋走路,可能会出现不标准的姿态,穿平底鞋时容易抬腿过高,这可能造成小腿肌肉张力不足,导致身体重心向前转移,使脚跟着地时间延长并影响脚趾的抓地感觉。这种走路方式看起来仿佛是将小腿往前甩动,依靠脚后跟行走,让人看上去很松懈,实际上却不然。这种姿态在一些年轻的男士中较为多见。

其矫正的方法是加强腿部肌肉训练并提高脚趾的灵敏性,尤其是小腿的腓肠肌、比目鱼肌的力量素质训练,练习者可有意识地通过提踵、擦地、勾蹦、小踢腿等动作进行练习矫正。

另一种不标准姿态是在行进时脚掌过度用力,致使脚跟过快提起,形成短暂停留,这时身高上升;等脚跟落下,身高又复原,这样的步态连续起来就使得人走路时上下颠动、不平稳。

其矫正的方法是参照正确的走路姿态,减弱脚掌的力度。脚跟提起不要过高,保持身体重心平稳地向前脚转移。

女士穿高跟鞋走路时由于脚跟提高,导致身体重心前移。因此,为了保持身体的平衡,要求其直膝立腰、收腹收臀、挺胸略抬头,保持身体挺拔的姿态。另外,有的人穿上高跟鞋走路,体态弯腰弓背,并不美观。造成这种情况的原因是当脚跟被踮起,两腿向前弯曲时,不是通过挺直膝盖和髋部来保持身体平衡,而是膝关节的前屈使臀部后提来维持身体的平衡。可想而知,这样的体态并不美观。所以,穿高跟鞋走路,一定要注意将踝关节、膝关节、髋关节挺直,立腰挺胸。另外,行走时步幅不宜过大,膝盖不要太弯,两腿要并拢。

(四)手势礼仪

手势是一种动态语,表现的含义非常丰富,表达的感情也非常微妙复杂。手势或是发出信息,或是表示喜恶,或是表达感情。例如,手势可表达招手致意、拍手称赞、挥手告别、拱手致谢、举手赞同、摆手拒绝之意;手抚是爱、手指是怒、手捧是敬、手搂是亲、手遮是羞等。人们在社交过程中运用手势时一定要规范、合乎惯例、适度,能够恰当地运用手势表情达意,为自己的社交形象增辉。

1. 接待礼仪手势

(1)指引

指引分为曲臂式和直臂式两种。

①曲臂式(以右手为例)。五指伸直并拢,以肘关节为轴,小臂向身体的侧前方伸出,指尖指向被引导或指示的方向,目视来宾。曲臂式指引多适用于指示方向。

②直臂式(以右手为例)。前臂由上向下摆动,使手臂向下呈一条斜线,指尖指向斜下方,多适用于请进、请坐。

(2)介绍他人、介绍自己

①介绍他人。手臂弯曲,掌心向上,五指并拢,指尖指向被介绍的人,适用于介绍他人及清点人数。

②介绍自己。手臂弯曲,五指并拢,掌心放置于胸前。适用于自我介绍、表白自己心声。

(3)主持会议、宴请

常用的主持会议、宴请的手势有开始和起立。

①开始。双臂弯曲从两侧打开,四指并拢,虎口张开,掌心相对,指尖高度与耳下缘相平,适用于宣布会议及各类活动的开始。

②起立。双臂弯曲从两侧打开,四指并拢,虎口张开,掌心向上,指尖高度与耳上缘相平,适用于宣布全体起立的场合。

2. 生活中的常用手势

生活中常用的手势主要有以下几种:

(1)跷起大拇指

跷起大拇指一般表示顺利或夸奖别人。但也有例外,在美国和欧洲部分地区,通常表示要搭车;在德国表示数字"1";在日本表示数字"5";在澳大利亚表示骂人。

（2）"OK"手势

"OK"手势是指拇指、食指相接呈环形状，其余三指伸直，掌心向外。"OK"手势源于美国，在美国表示"同意""顺利""很好"的意思；而在法国则表示"零"或"毫无价值"的意思；在日本表示"钱"；在泰国表示"没问题"；在巴西表示粗俗下流的意思。

（3）"V"形手势

这种手势是第二次世界大战时的英国首相丘吉尔（Churchill）首先使用的，自此以后传遍世界，表示"胜利"的意思。

（4）握拳手势

攥紧拳头的这种手势多用于表示鼓励、加油、努力等积极信息的传递。

3. 运用手势礼仪应注意的问题

第一，在人际交往中，手势不宜过多，动作不宜过大，切忌"指手画脚"和"手舞足蹈"。

第二，在使用打招呼、致敬、告别、欢呼、鼓掌等手势时，应当注意手势的力度、速度和持续时间，避免过分夸张。鼓掌是一种礼貌的举止，用以表达欢迎、祝贺、赞许或感谢等情感。鼓掌时应该摘下手套，并用右手轻轻触碰左手的掌心。同时注意力度应该自然轻柔，不应该为追求响亮的掌声而大力鼓掌。

第三，避免用手指指向别人。当谈论自己时，用手掌轻轻按压左胸会显得更加稳重、自信、可靠，而用手指指向别人是非常不礼貌的行为。

第四，一般情况下，手掌朝上的姿势代表着诚恳和尊重他人；而掌心朝下则通常代表着缺乏真诚与坦率。因此，在介绍某人、为他人引导路线或请人做某件事时，应该让掌心朝上，这样可以表达尊重，展现出诚挚、恭敬和有礼的态度。

第五，某些手势只能在适当的场合下使用，同时必须尊重各国的文化习俗，不能随意使用。由于不同地区的传统习俗各不相同，因此同一手势有时会被赋予完全不同的含义。

第六，日常生活中我们应避免不良手势在公众场合出现，如搔头、掏耳朵、抠鼻子、擤鼻涕、拭眼屎、剔牙齿、修指甲、咬指甲、打哈欠、咳嗽、打喷嚏、用手指在桌上乱写乱画、玩笔等。

（五）致意礼仪

致意即见面打招呼。在现代社会，见面致意是人与人之间交往的第一个步骤，它在礼仪学中占有重要地位。无论哪个国家、哪个民族、哪种信仰的人，见面时都要使用各种各样的致意方式。常用的致意方式有招手致意、点头微笑致意、握手致意、拥抱致意、鞠躬致意和注目致意等，在这里笔者将介绍握手致意、拥抱致意和鞠躬致意这3种致意礼仪。

1. 握手致意

大多数国家的人们已将握手致意视为一种习以为常的见面仪式。现代人握手时表示的含义很多，如见面时表示友好、欢迎、寒暄，也表示对他人的问候、慰问、祝贺等，告辞时表示送别、感谢、安慰等。

（1）握手的标准姿势

标准的握手姿势（交际礼节意义的握手）：距受礼者约一步，右臂自然向前伸出，伸出右手，拇指稍用力握对方的手掌（手掌应与地面垂直）。异性握手时，男士应轻握女士的手指尖；左臂自然下垂，双目注视对方，面带微笑，上身微微前倾，头微低。

在各种场合都能轻松自如地与相识的人或陌生人握手，是现代社会中每个人都应该学会的礼仪。

（2）握手的原则

①注意伸手先后。伸手的先后顺序应根据握手人双方的社会地位、年龄、性别和宾主身份来确定。一般遵循"尊者为先"的原则，即尊者先伸手。

握手的基本礼节是，在平辈的朋友中，相见时先伸出手为敬；在长辈与晚辈之间、男女之间、上级与下级之间、主人与客人之间行握手礼时，应该是长辈、女士、上级、主人先出手，晚辈、男士、下级、客人先问候再伸手相握；男女之间握手时，若女方无握手之意，则男方可点头或鞠躬致意，倘若男方是长辈、上级，先伸手也是可以的。

客人辞行时，应是客人先伸手表示告别，主人才能握手相送。在社交、商务或公共场合中，当别人按先后顺序的惯例已经伸出手时，受礼者应毫不迟疑地立即回握。拒绝别人的握手和对已经表达出来的友好不予理睬是极为不礼貌的行为。

②出右手握手。握手时应伸出右手，绝不能伸出左手，伸出左手是失礼的。有的国家、区域特别忌讳使用左手握手。在特殊情况下不能用右手握手应说明原因并道歉。

③握手前要脱帽和摘手套。戴手套本身就意味着讨厌别人接触自己的手，即使对方跟自己的关系非常好，戴着手套握手也会产生不好的效果。在大多数国家内，戴着手套与别人握手既不礼貌也是对对方的侮辱，因此应避免戴着手套同别人握手。另外，军人与他人握手时不必脱军帽，但应先行军礼然后再握手。在西

方国家，女士身着礼服帽和戴手套时，与他人握手可以不摘手套。

④握手时采取站立姿势。与他人握手时应采取站立姿势，年老体弱者或者残疾人除外。

⑤不宜交叉握手。遇到两位以上的交往对象，行握手礼时应一一相握。有的国家视交叉握手为凶兆的象征，交叉成"十"字意为十字架，认为必定会招来不幸，因此不宜交叉握手。另外，还要注意与多人握手时，时间长短应大致相同，不要给人厚此薄彼的感觉。

⑥异性握手。男士同女士握手时，时间不宜过长，握力要轻一些，一般应握女士的手指。

⑦注意握手时的言语、表情、身体动作。为了表示尊敬，握手时应上身略微前倾，头略低面带笑容，注视对方眼睛，边握手边开口致意，如"您好""见到您很高兴""欢迎您""辛苦了"等。

2. 拥抱致意

拥抱致意是同握手致意、接吻致意并列的最重要的见面礼仪之一，其盛行于世界许多国家和民族之中。至亲好友见面、新知故友相遇，总要热烈地抱一抱或轻轻地搂一搂。拥抱礼不仅是人们日常交际中的重要礼节，也是世界各国政府首脑外交场合中的见面礼节。拥抱礼与握手礼、接吻礼有异曲同工之处，即都是通过身体某一部位的接触向对方表示爱意或敬意，从而达到致意、沟通、交流的目的。

拥抱可分为热烈拥抱、拥抱肩头或脸颊、象征性拥抱和礼节性拥抱4种。不同国家和地区的人，其拥抱方式和热烈程度也各不相同。

在迎宾、祝贺、感谢等正式场合或民间仪式中有"礼节性拥抱"这一环节。礼节性拥抱的动作过程为两人相对而立，其中一人举起右臂环抱对方左后肩，左手搂着对方右后腰，两人头部及上身先向左相互拥抱、贴面，然后头部及上身再转向右拥抱、贴面，然后再次转向左拥抱、贴面，礼毕。

从身体接触的角度来看，拥抱缩短了两人身体接触的距离。掌握好拥抱的礼仪和技巧，往往能在社会交往中使新知故友都能感受到爱意和友谊的力量。

美国人、俄罗斯人和拉美人都拥有开放热情的性格，他们表达感情时倾向于热情拥抱。美国人不拘小节，性格热情直爽，敢于表露自己的感情，经常在公共场合亲切拥抱。在亲朋好友分别时，他们会长时间相拥在一起，表达难以割舍的情感。斯拉夫人情感丰富，表达感情时常常表现得很深情，拥抱时尤为热烈，他们会用力地互相拥抱，双手如熊掌般牢牢抓住对方，因此被戏称为"熊式拥抱"。

在拉美地区，我们经常能够看到人们互相拥抱的场景，就像握手一样常见且自然。熟人之间、朋友之间、陌生人之间、男人之间、女人之间、男女之间均可拥抱。见面时拥抱，分手时也拥抱。

在中东、西欧和非洲等地区，人们通常会以拥抱肩头或脸颊的方式来表达亲密情感。在也门，年轻一辈在见到长辈或告别长辈时，通常会用双手轻轻地握住长辈的双肩，并尽情地亲吻其肩头。在西班牙，男性之间常常把互相拥抱肩头作为打招呼的方式。喀麦隆人、中非人和埃塞俄比亚人经常通过"拥抱脸颊"的亲昵举动来表达情感。在喀麦隆，亲友见面时，先握手问候，然后要互贴脸颊以示亲热。为使两人的脸颊紧紧地贴在一起，双方均要用手抱住对方的头用力往自己脸上搂。在中非，按照习俗，打招呼时要抱住对方的头往自己右侧脸颊上贴一下，然后在左侧脸颊上贴两下。在埃塞俄比亚，当亲朋好友相见时，他们通常会相拥在一起，互相搂住对方的肩头，并且让脸颊触碰到一起，以此表示亲密的关系。因此，为了表示双方深厚的友谊，他们会不停地拥抱对方的脸颊，直到对方感受到自己的真诚和热情。

阿富汗人和布隆迪人见面时通常把象征性拥抱作为问候方式。在阿富汗，人们通常会伸出右手轻轻触碰对方的胸部，然后点头致意。在布隆迪，人们见面时通常会进行一种"蜻蜓点水"式的拥抱，即双方见面时胸脯稍微碰触，然后迅速分开，接着让各自衣服的门襟轻轻擦拭。

有一些国家的文化和习俗不允许人们在日常交往时拥抱。在印度，亲戚和朋友相聚时通常不拥抱，甚至男女之间也不能握手。在芬兰，人们通常在见面时不会拥抱，甚至会保持一定的距离。日本人不喜欢过于亲密的接触，因此他们把鞠躬作为见面打招呼的方式。一般来说，英国人的性格较为内向，他们通常不喜欢在公众场合表露自己的情感，因此在社交聚会中很少见到他们互相拥抱，即使在情侣之间这种行为也不常见。

3. 鞠躬致意

鞠躬致意是人们在生活中用来表示尊敬的一种礼节，不论是在正式的场合中还是在日常社交中都可以使用。在日常社交中，人们可以通过鞠躬来表示尊重，如晚辈向长辈致敬、学生向教师表示尊重、下属向上级致意、表演者向观众致谢等。领奖人在登台领奖时，可以向颁奖者和其他在场的所有人行鞠躬礼；演员在结束演出时，通常会鞠躬表示对观众掌声的感谢；演讲者也会通过鞠躬的方式表达对听众的敬意。

在行鞠躬礼时，应当先摘下帽子，保持端正站立的姿势，面带微笑，目视受礼者。男士可以让双手自然垂放在身体两侧裤线处或者交叉放在腹部前方，女士则可以将双手交叉放在腹部前方，接着身体前倾，弯腰鞠躬，弯腰动作的幅度可以根据受礼人和场合来适当调整。

（1）鞠躬致意的类型

按照上身倾斜角度的不同可以将鞠躬分为以下3种类型：

一是一度鞠躬。上身倾斜角度约为15度，表示致意，用于一般的服务性问候。

二是二度鞠躬。上身倾斜角度约为45度，表示向对方敬礼，常作为重要活动、重要场合中的问候礼节。

三是三度鞠躬。上身倾斜角度约为90度，表示向对方深度敬礼和道歉，常用于中国传统的婚礼、追悼会等正式场合。

（2）鞠躬致意要领

鞠躬前以基本站姿为基础，面带微笑，神态自然，并配合问候语一起使用；鞠躬时要收腹，自腰以上的身体部位向前倾。上体前屈时，首先看对方的眼睛，然后再看对方的脚，抬起上身后再次注视对方的眼睛；鞠躬时上身抬起的速度要比下弯时稍慢一些。

第二节　形体在社交礼仪中的应用

一、仪容仪表

（一）仪容

1. 仪容美

仪容，即人的容貌，是个人仪表的重要组成部分，它由发式、面容及人体未被服饰遮掩的肌肤（如手、颈、足等）组成。仪容在仪表中占有举足轻重的地位。美好的仪容往往将人与办事认真、工作严谨踏实、有条理、一丝不苟联系在一起。一个人的仪容在很大程度上受到两个主要因素的影响。一是个人的先天条件。一个人的外貌往往由其遗传因素所决定。一个人是天生丽质还是相貌平平，其外貌在出生后往往已经被决定好了，之后的变化不会太大。二是本人的修饰维护。虽然一个人的先天条件很重要，但并不表示一个先天外貌条件优越的人就可以过于自满，而不进行任何后天的修饰或维护。实际上，仪容的优劣常常受修饰和维护好坏的影响。一个正常人如果不注重自己的外表修饰和维护，通常难以在他人眼中树立良好的形象。因此，我们需要始终牢记定期整理和修饰自己的仪容，以实现"内正其心，外正其容"的目标。

现代礼仪中对个人的要求首先是仪容美，其具体要求主要包含以下3个方面：

首先，要求仪容自然、整洁。

其次，讲究仪容的修饰、美化。修饰的主要目的是使自己更美丽，这就意味着一个人必须对自己有所了解，依据修饰的规范及个人的条件，扬长避短，设计出最适合自己的个人形象。

最后，尽量做到表里如一。

2. 仪容修饰

（1）仪容修饰的意义

在人际交往时，仪容往往会给对方留下第一印象，在展示个人整体形象中起着至关重要的作用，它能够直接而生动地传达主要信息，并体现个人的内在精神状态。个人仪容受两方面因素的影响：一是个人的先天条件，自然形成；二是后天的修饰和保养。一个人只有一种方式是美丽的，但是他可以通过十万种方式让自己变得可爱。个人容貌是父母给予的，相对定型，但通过保养、修饰、装扮却可以焕然一新，这就需要人们懂得一些美容常识，要充分发挥自己的优势，以有效地弥补自身的缺陷和不足。

仪容修饰是人体装饰艺术的重要组成部分，也是礼仪交往中不可缺少的物质条件。人们的化妆意识，从宗教信仰、标志群体特色到显示等级差异，最后发展成为日常生活中的装饰，历经了漫长的发展过程。随着社会的进步，修饰仪容的新材料、新技术不断出现，仪容修饰也有了巨大的发展。此外，随着社会文明程度的提高，仪容修饰真切地反映出了社会道德、审美情趣及个人身心健康等方面内容，如端正的仪容可以给人以信任感，而恰当自然的修饰又可以给人以愉悦感。

（2）仪容修饰的基本常识与技巧

①发型。要想保持仪容美观，首先需要保持头发的干净整洁。发型常常会传达一个人的道德品质、审美观、学识水平和行为举止等，它也能透露出一个人的职业身份、受教育程度、生活状况、卫生习惯，以及对工作和生活的态度等信息。

第一，头发的清洁和护理很重要。头发的日常护理主要包括正确洗发、适时护发、梳理头发及适度按摩等。

第二，选择得体的发型可以表现出一个人的良好仪容。发型修饰要与脸型、体型、年龄、气质服饰和谐统一。

第三，发型与脸型协调。发型可以在很大程度上改善人的外貌。选择发型时需要考虑与个人脸型是否相配，这是发型搭配的重要因素。例如，圆脸适宜将头顶的头发梳高，避免头发遮挡额头，两侧头发应适当遮住脸颊，以使脸部视觉拉长；长脸适宜用刘海遮住额头，加大两侧头发的厚度，以使脸部丰满起来。

第四，发型与体型协调。发型的选择得当与否，会对体型的整体美丑产生极大的影响。比如，脖颈粗短的人，适宜选择高而短的发型；脖颈细长的人，宜选择齐颈搭肩、舒展或外翘的发型；体型瘦高的人，适宜留长发；体型矮胖的人，适宜选择有层次的短发。

第五，发型与年龄、气质相协调。一个人的发型应当与他的年龄和气质相适应，因为发型可以折射出个人的文化素养、社会地位和内心状态。一般来说，年长者可选择大花型短发或盘发，以展现出精神饱满、温暖亲和的形象。而年轻人则适合时尚、可以散发活力的发型。

第六，发型与服饰协调。头发是人的外观的重要部分，所以我们要保持整体形象的和谐统一，要根据服装款式来作出相应的发型调整。女性可以选择把头发盘起来或者留短发，这样在穿礼服或制服时会显得端庄、优雅、漂亮；在穿着轻便衣物时，可以尝试适合自己脸型的清新发型。

②护肤和化妆。规范妆容主要体现在护肤得当和化妆适度两个方面。护肤得当是指要对皮肤，尤其是面部皮肤经常护理和保养，这是实现仪容美的首要前提。化妆适度是指在职业活动中适当化妆，这不仅是职业工作的需要，也是对他人尊重的一种表现。我们做任何事情都要适度，化妆也不例外。过分醉心于美容、妆化得过于浓艳，不仅有损皮肤健康，还影响别人的审美和欣赏。

化妆是一门技术，也是一门艺术，恰当、得体的妆容可以展现个人风采，在礼仪文化中起着重要作用。人们在政务、商务及社交生活中装扮自己，一方面表示对他人的尊重，另一方面也展示出自己的风貌。

做好护肤是化妆的先行条件，只有我们重视对皮肤的护理，才能更好地发挥化妆对仪容的改善作用。护肤时，选择正确的肌肤保养品非常重要。护肤可分为以下步骤：首先，选用对皮肤刺激性小的卸妆用品，从眼部与唇部开始去除脸部化妆品；其次，用洗面乳进行脸部清洁，去除新陈代谢产生出的老化物质、空气污染物等残留物质；再次，通过卸妆及洗面去除污垢后，要用化妆水、乳液或面霜及时补充水分及营养，使肌肤恢复原来的状态。最后，肌肤的特殊护理主要是通过按摩、敷面膜及保养来促进新陈代谢，加快血液循环，以保证皮肤的健康。

化妆的目的是突出面部的优点，同时掩盖或修正面部存在的不足之处。精致轻盈的淡妆可以呈现出一个人自然、清新、优雅的面庞，适合于工作场合。在参加晚宴、演出等活动时，可以选择浓妆，以打造出庄重、高贵的形象。

（二）仪表

仪表美归根结底是为了显示人体美，所以它也是人外在美的组成部分。仪表装饰有发饰、面饰、首饰、胸饰、腰饰、服饰等。仪表美不仅表现人的外在美，还体现着人的精神面貌。仪表美和内在美的关系比仪容美和内在美的关系更密切。

仪表是指人的外表，涵盖了容貌、举止、体态、风度等方面。一个人的仪表可以在政治、商务、日常生活和社交场合中展示他的文化素养和审美情趣。得体的穿着不仅能够赢得他人的信任和好感，还可以增强人际交往的能力。穿着得体、表现端庄，有助于树立良好的形象。

1. 着装的原则

古今中外，人们的着装足以反映不同社会的文化、习俗等，折射出个人的文化素养和审美品位，无声地传达个人身份、气质和内在素养。可以说，着装在某种程度上称得上是一门艺术，它所传达的情感和内涵是无法用言语准确表达的。正确得体的着装，不仅能体现个人较好的精神面貌和文化修养，给人留下良好印象，还能够提高与人交往的能力。总的来说，着装需要时间、地点、场合、身份以及色彩的相互协调。

国际社交场合对着装的总体要求是朴素、大方、整洁、得体。衣服要熨平整，裤子熨出裤线，衣领、袖口要干净；皮鞋要上油擦亮；要将长袖衬衣的前后摆塞在裤内，不要卷起袖口和裤管；任何情形下都不应该穿短裤参加涉外活动。

无论参加什么活动，进入室内场所都要摘帽，脱掉大衣、风雨衣以及套鞋。男士任何时候在室内都不得戴帽子、手套，但允许女士在室内穿戴纱手套、纱面罩、帽子、手套。

一般来说，着装应遵循以下基本原则。

（1）TPOR 原则

TPOR 是四个英语单词的缩写，它们分别代表时间（Time）、地点（Place）、场合（Occasion）、角色（Role），即着装应该与当时的时间、地点、所处的场合及扮演的角色相协调。

①时间原则。时间原则是根据不同的季节、时间和时代选择合适的服装。这一原则对女性来说尤其重要。男性穿着一套高品质的深色西装或中山装就足以应付任何场合，而女性的穿着则需要因时而异。女性在工作时应该穿着正式套装，

以展现职业形象；晚上参加社交活动时，可以考虑穿上高跟鞋，搭配合适的饰品，或者围上一条华丽的丝巾，增添亮点。在选衣服时要考虑到季节和气候特点，并且尽量与流行趋势保持一致。

②场合原则。场合原则是指在不同的工作环境、不同的社交场合中，着装要有所不同。在喜庆的场合，不要选择太古板的服装；在悼念的场合，应避免选择过于花哨的服饰；在正式场合，着装不要过于随意；在休闲场合，不要穿得过于隆重。总的来说，着装应该与具体的场合相适应。在与客户见面或参加正式会议时，需要着装得体、整洁；出席音乐会或观赏芭蕾舞时，应该穿着正式服装。女性参加正式宴会时，宜选择传统的旗袍或者西式的长裙晚礼服；在朋友聚会或郊游等场合，穿着应该舒适随意。

③地点原则。着装应根据地点的不同而有所变化，这就是地点原则。在家里或餐厅招待临时来访的客人时，可以选择穿着舒适而整洁的便装，但不能光脚，也不适合只穿内衣、睡衣或短裤款待客人；穿着正式的职业套装去拜访公司或单位领导会给人一种专业的形象；在前往教堂或寺庙等场所时，要尊重当地的传统和风俗习惯，避免穿着过于暴露或过短的服装。

④角色原则。着装要与本人身份和所扮演的角色相符。每个人在不同的时期会扮演不同的角色和身份，反映在穿衣规范上会形成不同的社交行为准则。作为柜台销售人员，要适度打扮自己，避免给别人留下过于张扬的印象；当作为企业员工出现在工作场所时，着装需要符合公司的规定，不能穿过分杂乱、短小、透视的衣服。

（2）色彩搭配原则

通常情况下，在服装搭配中，黑色、白色和灰色是经常使用的3种颜色，因为它们更容易与其他颜色的服装搭配，效果也很好。如果对配色不是很在行的人，则可以大胆地使用这3种颜色。

此外，服装的颜色搭配应该遵循上浅下深或上深下浅的原则，可以选择相同类型的配色或对比配色，如绿色搭配黄色、浅蓝色搭配粉红色、深蓝色搭配红色等。

不同颜色的服装会在不同的人身上展现出截然不同的效果。深色服装让人看起来更为修长，身材丰满的人穿会显得身材更匀称；相比之下，浅色的衣服通常会产生一种扩张效果，适合身材纤瘦的人穿。

（3）协调性原则

①着装应与自身条件相协调。挑选服装时要确保服装与个人的年龄、社会角

色、体型、肤色以及个性等相匹配。年长一点的人、有一定社会地位的人，应该选择简约而精致的服装款式，避免选择过于时尚的款式；青少年的穿着应该注重展现年轻活力，建议选择简约整洁的服装，清新、活泼的风格更佳。

形体条件对服装款式的选择也有很大影响。对于身高较矮、体型较圆润、脸型比较圆的人来说，适合选择深色的低"V"领或大"U"领套装，而不太适合穿浅色高领服装；身材修长、颈项细长、长形脸的人适合穿浅色、高领或圆领服装；方形脸的人适合穿着小圆领或有双翻领的衣服；身材匀称、形体条件好、肤色也好的人，着装范围则较广，无论穿什么服装总能达到"淡妆浓抹总相宜"的效果。

②着装应与从事的职业相协调。人的穿着打扮在某种程度上能体现出其职业特点，因此穿着要与其从事的职业相协调。例如，医院的医生、护士就不能穿得过于鲜艳，打扮得花枝招展不仅会影响病人和家属的心情，也不利于病人的治疗和休养；教师在学校里不宜染发、穿奇装异服，不宜打扮得过于前卫，在上课时更不能浓妆艳抹、珠光宝气。

2. 饰物礼仪

饰物是指与衣服相互搭配，起到装饰作用的各种物品，包括胸针、丝巾、首饰、领带夹、围巾以及领带等。饰物在穿搭中起到了突出重点、统一整体造型的作用。女性在选择饰物时应考虑符合个人气质和身份特点的装饰品，尽量避免过多装饰。

（1）胸针

胸针适合女性一年四季都佩戴，但佩戴的胸针应因季节、服装的不同而有所变化。胸针应戴在第一和第二粒纽扣之间的平行位置上。胸针的搭配应从两个角度考虑，一是胸针和衣服的搭配。胸针和衣服搭配时，要根据衣服类型确定胸针的大小、造型，让胸针戴在衣服上没有违和感。二是服装风格与胸针材质的搭配。除注意与衣服的搭配外，还要注意避免让胸针损坏衣服。无论是哪种材质，胸针的质地、颜色、位置一定要考虑同服装风格的配套与和谐。

（2）丝巾

巧用丝巾，特别是女士佩戴丝巾会收到非常好的装饰效果。丝巾不如其他服饰配件那样具有潮流指南性，但其搭配的实用性，以及在个人风格上画龙点睛的巧妙性，却是其他饰物无法企及的。

（3）首饰

首饰主要指耳环、项链、戒指、手镯、手链等。佩戴首饰应与自身的脸型、服装相协调；首饰不宜同时戴多件，如戒指，一只手最好只戴一枚，手镯、手链一只手也不能戴两个以上。

（4）领带夹

应在穿西服时使用，也就是说仅仅单穿长袖衬衫时没必要使用领带夹，更不要在穿夹克时使用领带夹。穿西服时应将领带夹别在特定的位置，即从上往下数，别在衬衫的第四与第五粒纽扣之间。

二、谈话礼仪

语言的使用方式可以反映出说话者的智慧和品格，同时也是交流的重要工具。因此，在交流过程中，每个人都应该注重语言的运用。

（一）语言文明

语言文明指的是在言语交流时，要展现出良好的文化素养和友善态度，同时让对方听起来感到和善、愉悦。为了实现这个目标，我们需要关注以下两个方面：

1. 尽量使用文雅词语

人与人之间相处时，应尽量使用文雅词语，即雅语，特别是在正式场合的对话中，应该尽量使用温和、礼貌、优雅且不俗气的词语。

在社交中使用雅语时，一方面，需要注意场合。文雅词语适用于初次相识、职务交接以及国际交往等场合。另一方面，需关注实际的效果。运用雅语交流通常会带来显著的效果，但需小心产生书生意气，使言语过于僵化。在运用雅语时，实用性至关重要，要避免拘泥细节、表达不清、使用过度。

总的来说，在交谈中恰当地运用文雅词语是很重要的。在庄重的场合下，接待客人时，用文雅词语"欢迎光临"显然比简单地说"你来了"更加恰当；向年长且富有学问的老人表示"敬请赐教"，比直接说"有何意见请表明"更加文雅有礼。

2. 避免使用不雅之语

不雅之语，自然是指那些失之于文雅的词语。在谈话中，应当避免使用以下几类不雅之语：

（1）粗话

粗话一般指的是意在侮辱他人人格的、粗野的、带有恶意的、失敬于人的话语。有人为了显示本人为人粗犷，出言必粗，其实是很失身份的。

（2）脏话

所谓脏话，主要是指出口成"脏"、口带脏字，讲起话来骂骂咧咧。平时在谈话之中爱说脏话的人，也必将受到其交谈对象的轻视。辱骂他人在任何情况下都是没有道理的。即便在交谈时无意之中捎带上一句"国骂"，对于个人形象也会损害极大。

（3）怪话

在人际交往中，时常会有极其个别的人讲起话来阴阳怪气。他们所使用的话语及其具体内容，或者冷嘲热讽，或者怨天尤人，或者黑白颠倒，或者危言耸听。总之，他们大多成心要以自己的谈吐之"怪"令人侧目。

（4）气话

所谓气话，即在谈话时因缺乏自我控制而说出来的过激的话、赌气的话。在谈话时，讲气话永远都是有害无益的。因为它不仅无助于沟通，还十分容易得罪人、伤害人。

（二）语言礼貌

在谈话中使用礼貌语言是做人的基本常识，也是博得交往对象好感与体谅的最为简单易行的做法。

礼貌用语，一般简称为礼貌语。它是指那些约定俗成的、在交谈之中用于向谈话对象表示谦虚恭敬的专门性用语。在正常情况下，礼貌用语具体可以分为问候用语、迎送用语、致谢用语、应答用语、赞赏用语、祝贺用语、推脱用语以及道歉用语8种类型。它们既有各自专门适用的场合，又有各自专用的表达方式。

1. 端正认识

从思想上端正对语言礼貌的认识，主要体现在以下"三性"上：

（1）自觉性

对于任何人来说，既然在交谈中使用礼貌用语是为了表达自己对谈话对象的谦虚与恭敬之意，那么就必须自觉地对其加以使用，而不应当使之成为一种被迫的非个人意愿的行为。这就是运用礼貌用语的自觉性，也是其使用的基本要求之一。

（2）主动性

与他人交谈时，使用礼貌用语应当成为每一位有教养者的主动行动。也就是说，在交谈时，每一个人都应当主动地使用礼貌用语，而不必等待谈话对象率先采取行动。这便是运用礼貌用语的主动性。做到了这一点，礼貌用语的使用才会真正做到口到、心到、意到，并且为对方所感觉到。

（3）亲密性

运用礼貌用语的亲密性，主要是指人们在使用礼貌用语的具体过程中，必须神形兼备、言行一致，完全表现得亲切而自然。要让谈话对象听在耳中、暖在心头、心领神会。最重要的是，运用礼貌用语时一定要真情实意、不落俗套，千万不可巧言令色、言行不一。

2. 养成习惯

在日常生活中，我们有必要养成自觉使用礼貌用语的习惯。在一般的交际应酬中，对于下述五句礼貌用语，尤其应当经常使用。

一是"您好"。"您好"是一句表示问候的礼貌语。当遇上相识者或不相识者时，不论是打算深谈下去，还是只想与对方打招呼，都应当先向对方热情地问候一声"您好"。如果其他人先以此语问候了自己，则也要及时地以此语来回应一下对方。

二是"请"。"请"是一种用于礼貌地请求或征求他人帮助或支持的用语。在请求别人做某一件事情时，我们既不应该摆出高高在上的姿态，也不必低声下气或者乞求。在这种情况下，经常使用"请"这个字来表示主动争取，既可以得到对方的支持，还可以使自己的所作所为表现得彬彬有礼、不卑不亢。

三是"谢谢"。"谢谢"是一种用于表示感激的常见礼貌用语。每当我们得到支持、关怀、理解，接受款待、服务时，都应立即向对方表达真诚的感谢之情。这一举措既表达了对对方的感激之情，又肯定了对方积极的表现。

四是"对不起"。"对不起"是用于表达歉意的一种礼貌用语。当自己对他人造成了困扰、影响，或在人际交往中给他人带来了不便、损失或伤害时，应当及时并诚挚地向对方道歉。在适当的时候说出这句道歉的话会帮助我们解决问题、化解误会，并促进双方关系的修复。

五是"再见"。"再见"是一句用于人们道别时的礼貌语。在交谈结束、与人作别之际，向对方诚心诚意地道上一声"再见"，既可以恰当地表达自己的惜别之意，又可以使自己对对方的恭敬之心表现得有始有终。

三、公德礼仪

公德即人们在社会生活中共同遵守的规范和准则。公德和礼仪相互支撑，公德体现在礼仪之中。缺乏公德的人不会懂得礼节，而不懂得礼节的人一定没有公德。一个人没有公德就无法在社会上立身，社会没有公德，国家也无法繁荣。一个国家的公民道德水平反映了该国人民的精神状态，这对于国家的发展起着至关重要的作用。通常一个人的言行可以反映出他的品德和教养，并且会对其所处群体的整体品质产生影响。礼仪与公德之间的联系非常紧密。

（一）守秩序

所谓守秩序，就是人们要自觉遵守和维护社会公共秩序。在日常生活中我们应该怎样遵守公共秩序呢？

1. 遵守秩序

在公共场所，我们一定要养成排队、不大声喧哗、不随地吐痰的良好习惯。对不遵守公共秩序的行为要批评、劝阻，这样我们才能生活在一个安全、整洁、有秩序的环境里。

2. 爱护公物

一个人是否爱护公共设施，从小处讲是个人道德素质高低的体现；从大处讲是国家文明程度及民族素质高低的体现。在公共场合，只要细心观察就会发现：有的人为求近路而不惜践踏草坪；户外运动弄坏了公共桌椅、栏杆和垃圾桶；公共建筑的桌椅和墙上经常会有各式各样的涂鸦……这些行为无论是有意的还是无意的，都对公物造成了损坏，不仅给其他人的出行、工作和生活带来了不便，还会增加公共管理部门的维修费用。其实爱护公物做起来也很简单，只要有一颗公德之心，处处遵守各项规章制度，在很大程度上就能保证公共设施的完好无损与正常使用。我们要自觉维护和爱惜公物，对所有的公用物品都要像爱护自己的东西那样去爱护。一是不将公物据为己有；二是不对公共场所的公物乱刻、乱画、乱涂、乱抹等；三是不随便攀爬树木，或采摘树枝、花卉、果实等。

3. 无碍他人

在人际交往中，每个人都应多为他人着想。公共场所不要高声喧哗，不要打打闹闹；不要对人指指点点，随便议论他人，特别是对异性或有残疾的人，而应尊重他人；适当保持彼此之间相处的距离也很重要，正常情况下，双方相处的距离最好保持在0.5～1.5米，特别是在公共场所（除非环境十分拥挤）与陌生人之间更要注意保持距离，否则可能引起误会或不愉快。

（二）讲卫生

讲卫生是一种基本的社会公德。保持健康的卫生习惯是对自己负责，也是对他人负责。讲卫生，可以为我们提供一个良好的生活环境；讲卫生，可以减少疾病的发生和传播；讲卫生，可以为个人树立良好形象……日常生活中要注意的个人卫生有：勤洗澡、洗头、勤洗衣服、勤洗、晒床上用品，勤洗手，勤打扫房间，勤给房间通风换气，保持空气新鲜，注意饮食卫生，注意忌烟忌酒，要养成不洗手吃东西难受、随地吐痰恶心、乱倒垃圾难为情的好习惯。

第三节 形体在酒店接待及商务礼仪中的应用

一、酒店接待礼仪

（一）前厅服务接待礼仪

在酒店服务中，前厅服务是首要环节。顾客进入酒店时，最先体验到的是前厅内外的服务，这也在很大程度上决定了他们对酒店的印象。前厅服务人员包括大门迎接员、大门保安员、行李员、电梯应接员、大堂清洁员和洗手间服务员等。

1. 大门迎接员服务礼仪

穿着整洁、干净，仪容庄重得体，精神状态良好。

在客人到达酒店时，应迅速主动地迎接并引导车辆停放。随后打开车门并用手挡住车门框的上部，以避免客人碰头。

当接待客人时，要面露微笑，用热情的态度说一声"您好，欢迎光临"，并向客人微微鞠躬15度致意。在向经常光临的顾客打招呼时，应该称呼他们的姓氏。

当客人集中到达时，需要保持耐心，微笑着点头致意，努力确保每一位客人都接收到友好的问候。

当遇到老年人、孩子或残障客人时，应主动提供帮助，并对他们进行特别关心照顾。

当车辆离开时，要礼貌地对司机说一声："您辛苦了，再见！"

在客人结账离开时，应当将车辆引导到便于客人上车的位置，并主动打开车门让客人上车。等客人就座后，检查客人的衣物是否影响关门，然后轻轻地关上车门，微笑着说："感谢您的光临，期待您下次再来，再见！"关车门时，需要掌握适当的力度，过轻会导致车门无法完全关闭，过重则可能吓到客人。在与客人告别时，可以说："祝您一切顺利，一路顺风！"在客人离开时，应该挥手告别并目送他们直到车辆离开。

积极、热心、细致地完成日常执勤任务；遵循规定，以礼貌和热情的态度为到访者提供服务；乐意为客人提供帮助并且尽职尽责地完成自己的工作。

2. 行李员服务礼仪

穿着得体，举止文明，礼貌值岗。

在客人抵达时，要友善地迎接他们，微笑问候并帮忙搬运行李。当客人坚持自己提携个人物品时，应尊重他们的意愿。搬运行李时，应该轻拿轻放，确保不会让行李掉落。

在陪同客人到总服务台办理入住手续时，应站在客人身后，并保持一定距离，以确保可以随时提供帮助。

在引领客人时，应该站在客人的左前方，保持大约1.5米的距离，并与客人一起慢步前行。在转弯时，应该微笑并示意客人，以表示对他们的尊重。

在乘坐电梯时，行李员应先携带行李进入，然后用一只手挡住电梯门，以示礼貌地邀请客人进入。在电梯抵达特定楼层后，礼貌地让客人先走出电梯，然后再搬出行李。如果行李太大挡住了客人的去路，行李员应先移走行李，然后耐心等待客人离开电梯。

在引领客人进入房间时，应该先放下行李，然后按响门铃或敲门通报，在没有得到回应后再开门。打开门后，先接通电源，然后打开过道灯。检查完房间后，站在门边，欢迎客人进入。

将客人的行李放入房间后，如果客人有行李箱等大件行李时，行李员应当小心地将箱子放置在行李架上，要确保箱子正面朝上，箱把手朝向外，以方便客人取用。整理完成客人行李后，应当与客人一起检查以确保一切无误，然后简要介绍客房的设施。如果客人没有其他要求，应该礼貌地告别，以免让客人觉得他们需要支付小费。

在离开客房之前，要面对客人微笑着说："先生（或女士等），请好好休息，再见！"与客人交谈结束后，行李员应向后退一步，然后转身离开房间，并轻声关上房门。

当行李员收到通知要去客人房间搬运行李时，必须敲门或按门铃并等待允许进入的指示，然后可以礼貌地介绍自己并询问客人的要求。一旦双方都确认了行李数量，行李则可被放在行李车上送到门口，行李员负责将其送上车。当客人携带行李离开房间时，行李员应该轻轻地关上房门，然后跟随客人到达大门口。

在放好行李后，与大门迎接员一起与客人告别。在客人上车后，轻轻关上车门，微笑着目送车上的乘客，并挥手告别。

（二）客房服务接待礼仪

酒店的客房代表着宾客在外的"家"，是用于客人休息的主要场所。酒店的客房服务员负责大部分客人的日常生活服务。客房服务员在工作中需要注重礼貌待客，以确保客人在舒适、安静、温馨和安全的环境中获得良好的住宿体验。

1. 客房服务礼仪标准

（1）迎客的准备工作礼仪

客房服务的开端是准备工作，它对接下来的服务环节和接待服务的整体质量具有直接影响。因此，准备工作应当做到充分、细致、周到，并在客人抵达前完成。

①了解客人情况。为了有效地进行接待服务，需要事先了解客人的预计到达时间和离开时间、出发地点、目的地、随行人数、个人信息等，然后制订相应的接待计划并进行服务安排。

②房间的布置和设备的检查。根据客人的个人习惯、生活方式和需求，对客房进行装饰布局。根据客人的需要布置家具，整理床铺，备好水杯、茶叶以及其他必需的生活用品和卫生用品。

根据接待规格，将酒店经理的名片放在桌上，对于重要客人，应备有鲜花和水果以表示欢迎。另外，还应尽量顾及客人在文化习俗或宗教信仰方面的特殊需求。

当房间布置完毕后，需检查房内的家具、电器和卫生设施是否完好无损，若有损坏应立即通知维修。

③迎客的准备。在客人到达之前，需视情况调整室内温度，如果客人在晚上到达，还需关闭窗帘并开启室内灯光。服务员在完成准备工作之后，应当整理好个人形象，站在电梯口迎接客人。

（2）客人到店的迎接礼仪

①电梯口迎宾。行李员引领客人到相应楼层，服务员应该微笑并热情地打招呼。在提前知道客人姓名的情况下，服务员在欢迎他（她）时可以说："您好，××先生（女士）！"然后亲自引领客人至预备好的客房门口，服务员站在一旁，随后行李员使用钥匙打开房门，邀请客人入内。

②介绍情况。客人初次抵达酒店时，可能对周围环境不太了解。在这种情况

下，作为行李员，应该首先向客人简要解释客房设施并指导其正确使用，同时向客人说明酒店服务设施和服务时间等信息。

③端茶送巾。客人入住后，按照"客到、茶到、毛巾到"的要求进行服务。同时应该满足客人的个性化需求。

④陪客人到餐厅。对于首次光临酒店的客人，初次用餐时服务人员应主动引领他们到餐厅，向餐厅经理汇报他们的饮食喜好，并向他们介绍付款方式和收费标准等内容。

（3）住客的服务工作礼仪

为了让客人感到舒适、满意，体验到"宾至如归"的感觉，服务人员必须主动、热情、周到、细致地做好一切服务工作。

①整理房间。在打扫房间时，需要遵循客人的意愿，同时遵守酒店的服务标准和各项规定。上午需要按照以下顺序进行清洁工作：首先，打开窗帘；其次，清空垃圾和烟灰缸里的杂物；再次，更换布巾、清扫地板、擦拭家具和其他物品，并补充茶叶和文具用品；最后，清洁和整理卫生间。

客人在午休结束后，服务人员可进行一次简单的清理工作，包括清空垃圾桶、更换烟灰缸、整理床铺和替换使用过的毛巾等。

晚上在客人就餐期间，服务员可再次进入客房进行小范围整理。

②委托代办和其他服务。服务人员需要以专心致志、细致入微、及时准确的态度完成客人交代的任务，如洗衣服、客房用餐、访客接待等委托事宜。

③安全检查。酒店的首要职责是确保客人的生命和财产安全，这也是客房部的重要职责之一。如果因为疏忽导致客人受到身体或财产损害，酒店不仅会承受经济损失，还会面临声誉受损的风险。因此，酒店在每个服务阶段都需要有风险防范意识和安全措施。

（4）离店的结束工作礼仪

①客人走前的准备工作。确认客人的退房日期和时间，以及乘坐的交通工具的车次、班次或航班信息，然后检查所有的委托代办事项是否已完成，账单是否已结清并核对其是否正确无误。

询问客人是否需要预订餐桌或外卖服务；询问客人是否需要叫醒服务，若需要，则确认叫醒时间；向客人说明如何使用房间内的自动唤醒设备；询问客人是否需要进一步的协助。如果遇到本部门无法解决的问题，则应当与其他相关部门取得联系，共同合作，以确保客人退房时的准备工作能够完成。

②送别工作。在客人用餐期间检查客人是否有遗漏物品，并在发现时提醒客

人；当客人离开楼层时，应该亲切地将其送至电梯口，并礼貌地用"再见"或"期待您再次光临"等话语来告别；需要有一位服务员帮客人搬运行李，并将其送到大厅；需要为年长者或身体有不便之处的客人提供专门的护送服务，帮助他们下楼并搀扶上车。

③客人走后的检查工作。在客人离开后，应立即检查客房是否有遗留物品，若有，则应尽快追送或交给总台保管，以便客人随时取回；检查房间里的小物品，如烟灰缸或其他装饰品是否完好无损；检查电视和收音机等设备是否有损坏，如果发现问题，应立即通知相关负责人。

2. 楼层接待员服务礼仪

在收到客人到来的通知后，需要整理自己的着装，礼貌地站在电梯口旁准备迎接他们。

客人到达时，应面带微笑，主动迎接并亲切问候，同时向客人预订客房的方向伸出手示意他们前往。

在没有专门的行李员的酒店，楼层接待员应主动提供搬运客人行李物品的服务，但需尊重客人的选择，切勿强行劝说或直接拿走客人手中的物品。

需要主动帮助和关心那些年长、年幼、身体虚弱或有残疾的客人。

在引领客人的过程中，应站在客人的左前方，保持大约1.5米的距离，并配合客人的步伐前行，一直到其所预订的客房门口。

在确认客人没有其他问题之后，应该立即向客人道别并离开。在离开房间时，应该先向后退一步，然后转身离开，同时轻轻关上门，以便让客人安心休息。

旅途劳累的客人抵达房间楼层后，可能迫切需要安静的休息环境。在这种情况下，接待员应该灵活调整服务流程，简化步骤，以确保客人能尽快休息。接待服务应当恰到好处，始终体现以客人为中心的理念。

3. 客房服务员服务礼仪

客房服务员进入客人房间前，先要看清门把手上是否挂有"请勿打扰"的牌子，避免冒失仓促之举。

在进入客人房间时，应该注重礼仪，应先轻轻按门铃两次，如果没人回应，再有规律地敲门三下，同时介绍自己的身份。当客人开门时，应该有礼貌地询问是否可以清理房间。在获得客人的许可后才能进入房间。在打扫房间时，门应该略微开着，不要自行关闭。如果没有听到任何回应，可以再次敲门三次，如果仍然没有人回应，就可以使用钥匙打开门。如果进入房间后发现客人还在睡觉，则应当立即退出房间并轻轻地关上房门。

在整理客房时，未经允许不能查看客人的文件或物品；整理后应该保持原状，不要移动、损坏或带走客人的物品，也不要向客人索取任何物品；在工作时间内，不能在客房里看电视、听音乐或打电话，也不能随意接听客人的电话。

在打扫时，如果有客人挡路，要有礼貌地和他们打招呼，并请求他们配合工作。

最好在客人不在房间时进行清扫工作，这样可以避免打扰到他们的休息和工作；清理完毕后，应尽快离开房间；当客人在房间时，应在离开之前先道声歉，然后礼貌地退后一步，最后转身离开并轻声关门。

在工作期间避免不必要的聊天或高声喧哗；晚上说话时，应保持声音低沉柔和，以免打扰到客人休息；在走廊里行走时，应避免并行；在紧急情况下不要慌张奔跑，以免造成紧张氛围；在走廊里行走时，通常不能超过其他客人；在有紧急情况时，应先表达歉意，然后快步向前。

每当有客人离开或回到房间时，都要面露微笑，热情地与他们打招呼。

满足客人所有合理的要求。当客人感到不适时，应该询问他们是否需要医疗帮助。

（三）餐厅服务接待礼仪

酒店中的餐厅是一个关键部门，同时也是酒店收入的重要来源之一。餐厅服务的独特之处在于服务员直接对客人进行服务，服务时间较长且客人的需求十分多样。为了迎合客人的多样需求，餐厅部门要保证菜肴口感绝佳、服务热情周到，这样才能获得客人的好评。

1. 餐厅服务礼仪标准

（1）安全礼仪

①事故预防。餐厅员工在提供服务时，要时刻保持警惕，关注周围人员的安全，并在发现任何危险因素时立即报告，遵守相关规定和操作程序；务必小心、细心、保持专注。

②向上级报告。如果发生安全问题，无论安全问题的严重程度如何，都应及时向上级部门报告，以确保伤者能够得到及时的治疗和关怀。

③小心服务。在餐厅和走廊里走动时，需保持靠右行走，这样可以避免在弯道处与客人发生碰撞；在进出门口时，注意放慢步伐，并检查对面是否有人或物；打开窗户的时候要轻轻转动窗把手，这样可以避免将窗台上的物品弄掉；在工作期间严禁嬉闹或开玩笑。

使用设备时需谨慎，如发现设备有破损应立即通知相关人员，以便及时维修；在操作设备时，务必严格遵守操作规范和安全准则；在餐厅从事体力劳动，如搬运重物时，需要注意使用正确的姿势，不要过于用力，避免反复使用同一部位的肌肉。

（2）卫生礼仪

①个人卫生。餐厅员工的个人卫生非常重要，员工要特别重视个人卫生，要定期剪指甲、勤洗手、梳理头发、穿整洁的工作服等。

②环境卫生。餐厅里要保持环境卫生，假如餐厅卫生不过关，客人就不会希望再次进餐。保持环境卫生，还包括创造良好的进餐环境。

（3）迎候礼仪

①到岗准时。在开餐前5分钟，餐厅服务人员应各就各位准备迎接客人。在迎接时，服务员应采用站立姿势为客人提供服务，并且在站立时要注意保持正确的姿势。

②微笑问好，喜迎客到。当客人进入餐厅时，应由餐厅经理或专职迎宾员负责站在门口迎接。他们友好的笑容会给客人留下好印象。在微笑的时候，同样要友好地打招呼，可以说"您好"或者"欢迎您来用餐"等。

③不应对客人不闻不问。当餐厅客流量大，所有员工都在忙碌时，应该主动向客人道歉并说明情况，而不是冷漠对待客人的需求。如果服务员只是在客人身边走动，而完全不理会他们，则会给客人留下不好的体验。

④帮客人接物。迎送人员可在必要时提供协助，如帮助客人脱下外衣、递交雨伞和携带个人物品等，注意协助前应事先征得客人的同意。若客人不需要或不习惯接受帮助，服务人员则可灵活调整，不必拘泥于酒店的接待礼仪规范。

⑤询问客人是否有预订。根据情况询问客人是否有预订，并核实人数。若客人确实预订了，迎宾人员应手持清洁的菜单、酒单走在客人前面，将客人引到餐桌边。

⑥为客人拉开椅子。把客人引到餐桌边时，应按照女士优先的原则，拉开椅子，先帮助女士入座，待客人坐下后，再在后面轻轻推一下，以帮助客人将椅子挪近餐桌；客人入座前，服务员应事先将多余的餐具和椅子拿走或补充不足的餐具和椅子，给客人留下特意为其预留桌位的良好印象。

2. 迎宾员服务礼仪

餐厅服务人员应穿着整齐干净、举止庄重得体、站姿优雅端庄。在开餐前5分钟，服务员应站在餐厅大门两侧准备迎接客人。

在客人进入餐厅时，迎宾人员应主动热情地接待客人并回答客人的问题，确保客人感到自己被尊重和受欢迎，以此留下良好的第一印象，使客人在用餐过程中能够享受到愉悦的体验。

3. 引位员服务礼仪

在询问客人的情况后，引位员可以礼貌地邀请客人跟随自己，并辅以手势，将客人引领至适当的座位或包房内；当重要贵宾到访时，应该把他们带到餐厅最佳的位置或雅座，以示尊敬和礼貌；如果客人指定座位时，应尽量满足他们的要求，但如果此位置已被其他客人占用，则需礼貌地向客人表示歉意；需要重点关注的是，厨房出入口附近的地方，通常是客人最不喜欢的用餐区域，在座位紧张时，对安排在这附近餐桌上用餐的客人说些礼貌用语是必要的。

在就餐高峰时段，如果餐厅没有空桌供应，则可以向想用餐的客人建议在休息室稍做等候并表示歉意。一旦有空余的座位，应立即带领客人入座就餐。

当客人用餐结束并结账离开时，要有礼貌地送客，并热情地告别道："再见，期待您下次光临！"然后面带微笑，目送客人离开。

4. 值台员服务礼仪

（1）热情迎宾

在开餐前，值台员应在指定餐桌旁靠墙的位置站立，准备好迎接客人。

当客人走近餐桌时，值台员应主动走向他们，微笑问候；在为客人拉开椅子时，应该跟随他们入座的步调，动作要轻柔自然，不要匆忙，以免不小心碰到客人；应主动协助客人脱下衣物并妥善挂好，防止物品掉落，贵重的衣物应该挂在衣架上，以免衣服变形产生褶皱。

在客人落座后，值台员应立即递上香巾和茶。在递送的过程中，需要依次按照从右往左的顺序进行，并使用夹钳将香巾递送给客人；在递茶时，避免用手指碰触杯沿；在使用有盖有耳的茶杯时，应轻轻握住杯耳，小心地放下和拿起杯子，并慢慢地打开或合上盖子，避免制造任何不必要的声音，以免让客人感到不适。

（2）恭请点菜

确保注意力高度集中，加强巡视，并随时留心是否有客人要点菜；若有客人点菜，则用双手从左侧将菜单送至客人面前，避免将其随意塞给客人或漫不经心地将菜单扔在桌上。

耐心等待客人点菜，不要催促，让客人有足够的时间进行选择和商议。

在客人点菜时，应该保持微笑，站在客人的左侧，上身稍微倾斜，手持点菜簿，认真倾听客人的点菜内容并准确记录，确保不出错。

（3）周到服务

拿起餐巾，礼貌地放在客人腿上。如果有外国客人用餐，则需要增加西餐的刀、叉、汤匙等餐具。

若有儿童一起用餐，则需要配备儿童餐椅。

菜上齐后，应告诉客人"菜已上齐，请慢用"，以示尊重。

（4）结账送客

当客人用餐完毕后，应该将账单放置在放有小方巾的托盘上或者账单夹内，然后从客人的左侧递上，或者放在客人的餐桌旁边，而非直接交到客人的手中。在递交账单时，可以低声说："先生（女士），请您核对一下，总共是××元。"当客人结完账准备离开时，应立即为其拉开椅子，让其顺利通过。同时提醒客人检查一下是否留下了任何个人物品，最后目送客人离开。

5. 传菜员服务礼仪

传菜员应与值台员合作，与厨房保持联系，及时上菜。

优先上冷菜，热菜也要及时上，以确保食物保持其原有的色泽、香味。

为了保证食品卫生，应使用托盘来摆放餐具和菜品，而不是直接用手接触碗碟和菜肴。

走菜时，注意步姿的端正和自然，遇到客人时要主动让道。

二、商务礼仪

商务礼仪又称商业礼仪，指的是在商务场合中，为了保持公司和个人形象，在与客户和合作伙伴交流时需要遵循的仪容、仪表、言行等方面的规范。它主要包括：商贸活动中如何热情接待客户，如何成功宣传自己的商品，如何隆重地举行各种商务仪式，如何融洽进行商贸谈判，如何妥善解决商务纠纷等。

在商务活动中，任何一个微小的礼仪细节被疏忽，都有可能给自身及公司的形象带来损害，甚至会因此而失去一个重要的或更多的客户。遵循商务礼仪规范，不仅是人际关系的润滑剂、个人职业的推荐信，而且有利于树立企业形象与产品形象，获得客户的信赖与认同，对于企业文化建设、客户关系建立、公共关系处理、市场开发拓展等商务活动有积极意义。

（一）商务礼仪的特征

随着知识经济和信息技术的迅速进步，全球经济越来越紧密地联系在一起，现代商业环境也发生了明显变化，商务交流方式变得更加多元化，商务礼仪也呈现出新的特征。了解这些新特征将为我们的商务活动提供方向和进行规范。

1. 多变性

无论是初涉商界的新手，还是经验丰富的商业领袖，都留意到了商务礼仪正在迅速变化。随着时代的进步，不合时宜的礼仪规范被逐渐淘汰，同时也涌现出更加符合当今需要的新规范。这些新规范在很大程度上取决于社会、政治、经济和科学文化领域的迅速进步。随着科技的发展，网络通信、移动电话和视频会议等已经成为我们日常生活中常用的通信方式，尽管它们极大地便利了我们的生活，但是这些新技术却很难带来面对面沟通时的亲切感和自然感。因此，我们需要不断提升自己，学习如何更有效地运用这些新技术来促进商务交流，从而提升工作效率。

2. 特殊性

商务礼仪与一般社交礼仪有相似之处，但并非所有的一般社交礼仪在现代商务场合中都同样适用。商务礼仪具有其独特的规范性。商务礼仪的前提是无论职位高低，人们都应该相互支持、相互尊重，展现人际关系的平等。

3. 实用性和简约化

过去，开门、拉门等规则通常取决于个人的性别和社会地位，但如今，这些礼仪的使用更加强调实用性。若女士在前方，便由女士开门，不需要男士赶在她前面协助开门。随着商业活动和商业沟通更强调实用，商务礼仪也应该放弃一些传统准则，如基于性别和地位等的规范，而应该更加注重实用性和高效率，以促进商务交流。商务礼仪的发展在节约时间的同时展现出了更高的效率。简化已经成为商务礼仪发展中的显著特征。现代商务礼仪倡导简洁、便利、高效，这促进了商务礼仪走向自然主义风格。

（二）商务礼仪中的行为举止

1. 站姿

（1）站姿要求

优美而典雅的站姿是发展人的不同动态美的起点和基础，良好的站姿应该是直立，头端，肩平，挺胸，收腹，梗颈，双臂自然下垂或在体前交叉，眼睛平视前方，面带笑容。一般说来，商务礼仪中的站姿要求有以下5点：

一是头正。两眼平视前方，嘴微闭，脖颈挺直，表情自然，稍带微笑。

二是肩平。肩部微微放松，稍向后下沉。

三是臂垂。两肩平整，两臂自然下垂，中指对准裤缝。

四是躯挺。挺胸收腹，臀部向内向上收紧。

五是腿并。两腿立直、贴紧，脚跟靠拢，两脚夹角呈60度。

（2）男士站姿

男士站立时，应该注意保持身体的平衡，双脚承担同样的重量，保持头部和颈部挺直，目光平视，胸部挺起，腹部收紧，双肩保持平衡，双臂自然垂放在身体两侧，让整个身体形成一条直线；双脚可以略微分开，但最多与肩同宽；在长时间站立时，右（左）脚可以稍微向后挪动半步，但是要确保上半身保持挺直。

（3）女士站姿

女士要想拥有优雅迷人的站姿，需要确保双脚、双膝、双手、胸部和下颌这五个关键部位都摆放得恰到好处。双脚的脚跟应紧贴在一起，脚尖之间的距离大约为10厘米，形成一个45度角，呈现"V"字形；站在一条直线上时，两脚一前一后，将一只脚的脚跟轻轻靠近另一只脚的脚弓处，让重心放在后一只脚上，不要让两只脚太分散，也不要使全身重量均匀分配在两只腿上。无论在何种情况下，都要注意将双膝靠拢。这样做可以保证双腿彻底贴合在一起，并且使髋部轻轻向上抬升，以免出现双腿分开、臀部撅起等不雅观的站姿。站立时，还可采取一些辅助手段来纠正姿态，从而保持良好的站姿。

（4）站姿的注意事项

不可将双手插入衣袋或裤袋中，也不可双手或单手叉腰。

不可将双臂交叉抱于胸前，或将双手交叉抱于脑后。

双脚不可呈内八字站立，不可双腿交叉站立，不可弯腿顶胯站立。

不可抖腿和晃动身体。

不可倚靠在墙上或椅子上。

2. 坐姿

坐姿指的是人们坐下时采取的特定动作和姿势。通常情况下，坐姿应该庄重得体，同时让人感到舒适和自然。坐下时要保持身体挺直、手臂放松、双腿并拢、目视前方。女性应该双腿并拢；男性的膝部间距可以适度拉开，但应保持在肩宽范围内，不宜过大，双手可自然地放在膝盖上或椅子扶手上。在正式场合，坐下时应该动作轻柔缓和，起身时要保持端庄稳重的姿态，避免突然坐下或站起，以免桌椅发出声响，造成尴尬局面。无论怎样坐着，都要保持上身挺直。只要注意这一点，不论怎样调整姿势，都会显得优雅而自然。

（1）男士坐姿

男士的坐姿与女士稍有差异。通常男士入座后，应保持身体重心垂直向下，挺胸直腰，上身保持垂直，避免瘫倒在椅子上。坐下时，大腿和小腿大致形成一个直角，双膝可贴在一起或稍微分开，双脚放平于地面，与肩同宽，手自然放在膝盖上或椅子扶手上，头部保持平稳，目视前方。

在需要侧坐时，应该同时将身体和腿部朝同一方向转动，头部则朝向前方。如果必要的话，可以以交叠腿部的方式坐着，这种姿势通常是将右腿交叠在左腿上。在商务社交环境中，最好避免采用这种坐姿，因为这可能会给人一种在展示自己地位和优越感的感觉。

叠腿时，应该保持足尖稳定，不要随意晃动，避免显得傲慢和不礼貌；坐姿要端正，不能张开双腿，不能将腿伸得过分，或者把脚放在座椅下面，甚至用脚卡住椅子的腿。这些举动都是不礼貌的，可能会造成误解和带来不便。

总之，保持优雅而端庄的坐姿会使人显得文雅、稳重、自然、大方。

（2）女士坐姿

女士优雅的坐姿是给人留下深刻印象的关键。女士通常可以采用以下几种坐姿：

①双腿垂直式。将双腿垂直于地面，脚跟、膝盖和大腿紧密贴在一起，双手自然放在双腿上。这种坐姿在正式场合中比较常见，但要注意确保脊背挺直，头部保持居中，目视前方。

②双腿叠放式。这种坐姿要保持双膝交叉且贴紧在一起，使双腿呈一条直线。脚放置的位置取决于座椅的高度，可以是竖直的，也可以斜放与地面形成45度角。采用这种坐姿时，应当保持脚平放，不要指向他人，不要双手交叉抱膝，同时双膝也不要张开。

③双脚交叉式。先将双腿并拢，然后在脚踝处交叉双脚，并稍微向左或向右倾斜。在主席台、办公桌或公共汽车上时，这种坐姿会让人感到更加舒适和自然。需要注意的是，在采用这种坐姿时，应尽量避免把膝盖打开，双腿不要过于交叉向前伸展，否则可能会妨碍其他人从前方通过。

④双腿斜放式。当坐在较低的椅子上时，把双腿垂直放下可能会导致膝盖高于腰部，看起来不太合适。因此，建议采用双腿斜放的坐姿，即双腿并拢后，同时将双脚向右侧或向左侧斜放，与地面形成45度的夹角。这个姿势在坐沙发时非常方便，但要注意保持双膝并拢，不要让小腿间产生间隙。

⑤双脚内收式。把两条小腿向后侧屈回，双脚踩在地面上，膝盖以上的大腿保持并拢的姿势，两只脚稍微分开。这也是一种变换的坐姿，在不引人注目的情况下，这种坐姿看起来非常轻松自然。

⑥脚踝盘住收起式。在座椅的高度较低时，既可以采用倾斜坐姿，也可以将

双脚踝盘起以增加舒适度。但是在没有下部空间的座椅上，无法采用这种坐姿；而在柜台或酒吧内使用的高脚椅上，可以采用这种坐姿。

（3）坐姿的注意事项

不可将头倚靠在座位背上，或者低头注视地面。

不可双臂交叉抱胸，或者双手有多余的动作。

双腿不可叉得过开，也不可大腿并拢而小腿分开。

不可把小腿搁在大腿上，甚至不停地抖动。

不可一腿弯曲、一腿伸直，或者双腿伸直。

3. 蹲姿

日常生活中，蹲下捡东西或者系鞋带时一定要注意自己的姿态，尽量迅速、优美、大方，尽量保持端庄的蹲姿。在取低处物品或拾取落地物品时，切不可弯腰翘臀，而应使用蹲姿。

（1）男士蹲姿

男士蹲姿一般采用高低式蹲姿，其要求是下蹲时，双腿不并排在一起，而是左脚在前，右脚在后；左脚应完全着地，小腿基本垂直于地面，右脚脚跟提起，脚掌着地；右膝低于左膝，左膝内侧靠于左小腿内侧，形成左膝高右膝低的姿势；臀部向下，基本以右腿支撑身体，男士两腿间可留有适当的缝隙。

（2）女士蹲姿

女士一般采用高低式蹲姿和交叉式蹲姿。

①高低式蹲姿。下蹲时左脚在前，右脚在后，两腿靠紧向下蹲；左脚全脚着地，小腿基本垂直于地面，右脚脚跟提起，脚掌着地；右膝低于左膝，左膝内侧靠于左小腿内侧，形成左膝高右膝低的姿势，臀部向下。女士下蹲要两腿并紧，穿旗袍或短裙时需更加留意，以免尴尬。

②交叉式蹲姿。下蹲时右脚在前，左脚在后，右小腿垂直于地面，右脚全脚着地；左腿在后与右腿交叉重叠，左膝由后面伸向右侧，左脚跟抬起，脚掌着地；两腿前后靠紧，合力支撑身体；臀部向下，上身稍向前倾。

下蹲时，头部、胸部、膝关节应在一个角度上，从而使蹲姿优美。女士无论采用哪种蹲姿，都要将两腿靠紧，臀部向下。若用右手捡东西，可以先走到东西的左边，右脚向后退半步后再蹲下来，脊背保持挺直，臀部一定要蹲下来，避免弯腰翘臀的姿势。穿较短上衣下蹲时，若不注意背后的上衣会自然上提，露出臀部皮肉和内衣就很不雅观了，即使穿着长裤，两腿展开平衡下蹲，撅起臀部的姿态也不美观。

（3）蹲姿的注意事项

不可突然下蹲、面对他人下蹲或者蹲得离人过近。

下蹲时，不要弯腰撅臀，也不要两脚平行、两腿分开、弯腰半蹲（此姿势又称"洗手间姿势"，极其不雅）。

下蹲时，不可露出内衣。

不要在公共场合蹲着休息。

4. 走姿

行走是人生活中的主要动作，良好的走姿是一种动态的美。"行如风"就是用风行水上来形容轻快自然的步态。正确的走姿是轻而稳，胸要挺，头要抬，肩放松，两眼平视前方，面带微笑，自然摆臂。

（1）男士走姿

头正。双目平视前方，收颌，表情自然平和。

肩平。两肩平稳，防止上下前后摇摆；双臂前后自然摆动，前后摆幅在30～40度，两手自然弯曲；双臂摆动应以肩关节为轴，手臂与上身之间的夹角不要超过30度，双臂各自摆动的幅度不应大于40厘米，在摆动中离开双腿不超过一拳的距离；走路时双臂不动，或同时向一个方向摆，或摆幅过大，都不雅观。

躯挺。上身挺直，收腹立腰，重心稍向前倾。

步位直。两脚尖略微分开，脚跟先着地，两脚内侧落地；走出的轨迹要在一条直线上。

步幅适度。行走中两脚落地的距离大约为一个脚长，即前脚的脚跟距后脚的脚尖相距一个脚的长度为宜。从一个人的步伐也能判断出这个人的气质、性格：严肃威严者，行走时挺起腰板、摆平脑袋，步伐大而稳健；儒雅谦和者，行走速度较慢，脚步较轻；年轻活力者，步履节奏感较强。无论怎样，行走时都不要弯腰驼背。

步速平稳。行进的速度应保持均匀、平衡，不要忽快忽慢。在正常情况下，步速应自然舒缓，体现一个人的成熟、自信。

（2）女士走姿

女士走姿与男士基本一致，若穿高跟鞋，可步伐小一些，一步走30厘米左右会显得更为高雅迷人。同时行走的速度也应当不紧不慢，保持节奏感。

（3）走姿的注意事项

不可低头或仰头行走，也不可摇头晃脑或左顾右盼。

不可左右摇摆肩膀，或者扭腰摆臀。

双手不可背于背后，给人傲慢之感。

双脚不可呈内八字或外八字。

行走速度不可过快，以免显得急躁、慌张，但也不可过慢，以免显得毫无活力。

不可拖沓前行，使脚与地面摩擦或碰撞而发出噪声。

应注意方便他人，切勿与他人抢道或撞到他人。

5. 表情礼仪

表情是指人的面部神态，是一种无声的语言，能够传递人们内心的思想、情感和心理活动，它在人们的交往和沟通中起着重要作用。表情礼仪是指商务人员运用面部神态的规则，它主要包括目光和笑容两个部分。

（1）目光

目光是人的面部表情的核心，能够最准确地展示人们的内心。正确运用目光能够体现出良好的个人修养和对他人的尊重。

①目光注视的要求。在与他人互动时，应该保持眼睛平视或微微向上看，以表示对彼此的尊重。斜视、扫视、俯视，甚至不看对方都是不礼貌的行为。

在商务活动中，特别是在洽谈、磋商和谈判等场合，商务人员通常会将目光集中在对方的眉毛和眼睛之间。这种注视方式能让商务人员显得专注和专业。

通常来说，当与某人相处时，目光注视对方的时间应该占总时间的30%～60%，以展现友好和尊重的态度。

②目光的运用。在与人交流时，要用专注的眼神正视对方，并展现出愉悦和热情的态度；在双方初次见面时，应该注意行注目礼，并微微点头以示尊敬。

在交流时，可以用温和而友好的眼神看着对方，以示对对方谈话内容的关注。

在结束对话时，可以略微抬起目光来示意结束。

在与客人告别时，应以惜别的眼神目送他们远去，以示对他们的尊重和表达友好的态度。

在演讲时，应首先环顾全场，表示即将开始发言；在发言时，应该不断地与听众进行眼神交流，以保持与他们之间的密切联系。

（2）笑容

笑容是一种传递快乐与友好的表情，它是人际交往中的一种润滑剂，可以有效地打破交际障碍，缩短彼此之间的心理距离，为深入地沟通与交往创造良好氛围。

①笑容的种类。含笑：不出声、不露齿，只是面带笑意，表示友善或接受对

方。微笑：嘴角略微上翘，唇部略呈弧形，牙齿半露，面带笑意，表示自信、乐观、友好。轻笑：嘴巴微微张开，嘴角上扬，上齿显露，喜形于色，但不发出声音，表示欣喜、快乐，多用于会见客人或招呼熟人。

②笑容的要求。笑容要用眼神、眉毛、嘴巴和面部肌肉协调完成，且必须是发自内心的，要显得自然、大方、和谐、优雅。在商务场合，假笑、冷笑、怪笑、媚笑、窃笑、怯笑等都是非常忌讳的笑容。

第四章　表演专业形体塑造训练

　　本章重点论述的主题为表演专业形体塑造训练，主要从以下三个方面展开分析：表演专业形体训练基础、舞蹈演员形体塑造与训练、戏剧演员形体塑造与训练。

第一节　表演专业形体训练基础

一、表演专业形体训练的课程设置

表演艺术的创造材料和工具是演员本身，它不仅是演员的身躯和心灵，还是身躯和心灵不可分割的有机统一。

（一）表演专业形体教学的教学任务及教学特点

表演专业的形体课程是表演专业学生的基础课，它的特点及其特殊性促使形体课程的设置也是较特殊的。它不同于艺术院校的其他专业基础课程，特别是3年制的职业学院与本科院校，在课程设置及内容上也存在着差异。

形体教学的教学任务是对学生身体进行全方位训练，增强学生对自身形体语言的感受、展现、表达、创造和适应能力，最终将所学的内容轻松、自如、准确地运用到不同风格、不同体裁的影视、戏剧的人物创造中去。当代多元化的影视、戏剧的表演形式，更加注重拓展人物肢体表现空间的深度与广度。同时还注入并运用了大量的现代美术元素和现代高科技声像技术，使得当今的影视及舞台戏剧与传统的形式及处理方法相比，极具鲜明的时代特征。

多元化的艺术风格产生了多种多样的形体语汇，它正以独特的艺术魅力展现着当代社会多层面、多角度的生活，给人以感悟和启迪。随着人们的艺术品位及精神需求的提高，以及对人生、对社会快速发展的认识和思考的提升，人们对表演艺术创造者的要求也越来越高。同时，人们对演员的表演、对剧本的深度及导演的构思、情节的处理手段等也有相当高的期待。由此人们更强烈地要求演员发挥自身功能，将所掌握的技能和技巧，精彩自如地运用到塑造不同的人物中去。于是如何体现和训练学生的形体、课程如何为表演创作服务、如何适应并符合表演专业的形体教学特殊要求更紧密辅助于表演教学等，都是教师亟待研究的课题，也是形体教学的意义所在。

形体教学的目的是围绕培养学生身体——创作的材料和工具这一教学核心，通过丰富多样的教材和科学有机的训练方法，帮助学生摸清肢体语言的表达规律、掌握肢体语言的表达技巧，从而提高学生运用外部形体动作展现人物性格、揭示人物内心情感的能力。其最终任务是使学生具备极强的综合素质与能力，即自如的形体感知与控制能力、精准的模仿能力、极强的可塑性及适应能力、高超的动作技术、极致的身体表现能力。

要完成此任务，形体教学除了在训练内容上具有选择性和针对性，还应该从教学理念、教学模式、教学内容、教学方法乃至教学程序等方面着手，使形体教学具备科学性和系统性。形体教学应该是一套渐进式的，能在不同阶段、不同学期的训练中发挥出功能与作用的教学体系。

表演专业的特殊性构成了形体教学的特殊教学特点，教师需要在教学目的、授课方式、教学课时量、授课内容等方面加以注意，特别是面对学生不同的形体基础。符合表演条件的学生不一定都受过形体训练，有些学生有一定的形体基础，而有的则没有形体基础，有的曾经学过数年舞蹈，还有的甚至没有看见过或没有受过一天形体训练。这种参差不齐的形体基础给形体教学带来了一定难度。另外，由一位教师授课，势必要求这位形体教师具有较强的综合能力，教学内容需要广泛吸纳、有机融合、多种手段合理运用，要全面多元化地融合多种艺术形式、艺术风格。这也能检验教师的综合能力和教学水平。

（二）形体训练的课程及设置

教学课时量：表演专业的形体课是基础课之一，肯定不同于舞蹈专业的课时量，而且艺术职业学院只有3年学制，形体教学课程设置一般分为3个学期，每周四课时。时间短、任务重，有限的课时给形体教学提出了更高的要求。虽然表演专业的形体教学不可能像舞蹈学院和戏曲学院的形体教学那么专业，但是它更注重"高""精""尖"的专业技能培养。尽管都是创造身体动作美和训练身体语言美的课程，但是表演专业的形体教学结果的好坏不只反映在技术水平的高低和个别动作完成的优劣上，还体现在整个人物形象的创作之中。它要求学生更加全面地、综合地、多元化地通晓和掌握肢体动作语言，如舞蹈、武术、戏曲等；它要求教师要将多种艺术形式中丰富多彩的肢体动作语汇有选择地教授给学生，使学生能够具备"全""通""杂"的舞台综合应用能力。

学制为3年的艺术职业学院的表演形体教学，可大体做如下设置：

1. 初期：认知与改变

认识了解身体结构，改变身体固有的、不良的生活习惯动作，进行严格的基本功训练。

2. 中期：掌握与积累

在舞台、镜头前进行技能、技巧训练与肢体感知的训练。

3. 后期：运用与表现

表现力的训练：民族舞、古典舞、外国代表性的舞蹈训练。

基本功的训练、肢体感知与肢体语言训练，需要贯穿形体教学的始终。

选择形体教学内容的原则是根据职业学院办学宗旨和培养实用型影视、戏剧表演和社会需要的艺术人才的要求，形体教学的内容选择既要有一定的广泛性，又要有一定的精炼性。

（1）广泛性

即要将较多的、不同风格的形体内容提供给学生，使学生的思路相对开阔、见识较广较宽，形体技能、技巧较全面，能进行不同风格、不同人物的创作。总之，要为学生能拓宽戏路和提高他们的就业能力来设置课程和选择教学内容。

（2）精炼性

表演专业的形体教学内容是很广泛的，教师要从多项形体训练内容中选取具有代表性的、最适合在影视镜头前表演的内容。要对专业剧团和社会需要的应用型人才应具备的形体特征进行内容的再创作和编排各种练习，从而使形体训练既丰富多彩，又有主次之分、短小精炼。

二、表演专业形体课程的训练内容

（一）第一学年

1. 第一学期

（1）学习重点

了解身体结构，改变身体的不良动作，加强基本功训练。

首先要让学生深入了解自己的身体结构，让他们认识到作为演员就需要具备较好的形体灵活性、易变性和可操作性，具有对自身进行随意调控与支配的能力，使学生知道，这种能力必须依靠自身的关节运动、训练才能获得。

采用芭蕾舞训练手段，如地面练习、把上练习、中间练习，使动作伸展，身体的各部位都打开，以改变学生原有的、不正确的肢体习惯和体态。

（2）造型意识和模拟练习

①造型。采用单人、双人、多人、集体造型的方式，将喜、怒、哀、乐用丰富的肢体动作语汇表现出来，以展现和表达主题及思想内涵。

②观察与模仿。这是培养学生视觉观察能力和形象感知能力的基础训练，使"视而不见"变为"一视多面"，是想象和创作的阶梯。对人、动物、植物等各类事物的观察可以刺激人的感觉和想象，从而进行模仿训练，这能使学生在创造角

色时做好意识和能力上的准备。模仿训练可以丰富学生的观察力和想象力,使他们可以用心灵和肢体来表达人物、植物、动物的生存瞬间。

2. 第二学期

学习重点:影视舞台技能、技巧,武术,肢体感知,现代舞训练。

在技能、技巧的训练过程中要让学生清楚地知道动作的原理和掌握动作的技术细节,这是非常重要的。人体在做千变万化的各种运动时,归根到底都是在神经系统支配下,肌肉收缩作用于骨骼的结果。也就是说,运动是以骨骼为杠杆、关节为枢纽、肌肉的收缩为动力,通过大脑皮层,在神经、呼吸、血液循环系统的密切配合下完成的。

影视舞台的形体技能和技巧是刻画人物、表达人物内心节奏变化的重要手段。学习跌、扑、滚、翻、摔、爬、打、拽、抱、托、背、扛、举等动作,或加上道具技巧及各种形体的无实物感觉与控制等技能的配合,都是为了表达人物内心的节奏变化,显现出人物及场合的"灵""巧""俏""活"的艺术表现力和魅力。比如,武术。很多电视剧或舞台戏运用打、斗、杀、剑、拳、棍、刀将剧情推向高潮。因此,表演要求演员掌握多种形体技能,而武术便是影视、戏剧表演形体教学不可缺少的课程。

再如,现代舞。邓肯(Duncan)凭其对舞蹈的意念、对原创性与自由的要求,把舞蹈定义为"一个对生命的完整概念,还有透过动作表达人类心灵的艺术"。[1]她主张个性解放,张扬个性,不受舞步和姿态的有限语汇的束缚。现代舞课程便是运用肢体选择最有感染力的动作来表达思想感情的。这样的训练能丰富学生肢体语言的表达能力和组织创作能力。

(二)第二学年

学习重点:通过舞蹈教学激发学生的表现意识和表现能力。

表现意识是心理活动的高级形式,是一种自觉的心理活动,是人所特有的心理现象。对于演员来说表现意识如同生命一般,它能够激发演员表演的创造性和活力。设置民族舞蹈、古典身韵教学、外国代表性舞蹈课程,可以提升学生的艺术修养、陶冶他们的情操、开发他们的肢体语汇潜能、培养他们的表现意识和表现能力、激发他们的灵感,同时,也能增加和丰富学生的文化积累及文化底蕴。

---

[1] [美]伊莎多拉·邓肯:《邓肯论舞蹈》,张本楠译,九州出版社2006年版,第7页。

1. 民族舞蹈

通俗而言，舞蹈是以演员身体为表现工具的艺术。舞蹈动作是构造舞蹈的"字""词""句"，是舞蹈表现的基础，是观众内心感受和视觉的感召力的需要，也是审美的需要。通过运用线性逻辑结构，如起、承、转、合，以及头、颈、肩、胸、腰、胯、四肢扭摆、托、拉、扶、抱、伸展、收缩等舞蹈语言来表现或典雅端庄、或秀美纯净、或炽热深沉、或粗犷刚健、或潇洒活泼的人物形象。丰富多彩的舞蹈语汇和表现力，可使学生了解和掌握不同民族舞蹈的神韵、风土人情、特色风格及礼节。

2. 古典身韵教学

古典身韵的教学有助于帮助学生把握民族传统的审美特征，并使其具体体现在形体运动规律上。通过教学，学生可以初步掌握民族传统舞蹈的精髓，为创作角色做好准备。

3. 外国代表性舞蹈教学

学习世界各国的民族舞蹈，可以帮助学生认识不同国家的民族特色，了解各地区的文化精华、艺术风格和美学特点。学生还能了解西方国家的爵位制度，并学会在不同情境下正确使用礼仪规范自己的行为，通过自身形体气质来丰富表演。

第二节　舞蹈演员形体塑造与训练

一、舞蹈演员的形体要求

舞蹈是通过肢体动作和优美的姿态来传达情感、故事的一种表演艺术。它利用人体展示出优雅和协调的舞姿，展现出独特的艺术美感。

一般情况下，舞蹈演员需要具备适当的体态、身体掌控能力、力量、柔韧性、协调能力和节奏感等特质。他们需要保持端正的姿势，包括挺胸、收腹、保持身体笔直，同时还需要具备出众的柔韧性和灵活性，以完成各种复杂的舞蹈动作。舞蹈演员要有出色的身体协调能力，能准确控制身体各个部位的肌肉活动；具备较强的乐感，能准确地把握音乐的节奏；具备良好的体力和耐力，可支持长时间进行各类身体活动，如跳跃、旋转和高强度动作等。

舞蹈演员要想拥有优美的形体，需要通过专业的形体训练来实现。只有经过训练，才能真正理解正确、优雅和合理的形体语言，并将之融入艺术表演中。

二、形体表现在舞蹈表演中的重要性

在艺术表演中,形体语言是非常重要的。一个合格的舞蹈演员的形体表现,不仅能够让观众感受到身体的美感,还能够传递出作品所要表达的情感和意义。因此,通过形体训练,演员可以更好地理解和控制自己的身体,将自然、优雅、合理的形体语言融入艺术表演中,从而提高自己的表演技巧和水平。

有些舞者认为,形体表现应该作为表演的组成部分,而不是舞蹈演员基本训练中不可或缺的一部分。实际上,舞台表现涉及一系列复杂的技术要素。演员在表演中需要刻画不同的人物形象,并展现出多样的情感变化,他们需要学会灵活地调动情感,并通过舞蹈来表现这些情感。在多次表演同一节目时,舞蹈演员需要避免单调机械地重复表现外在效果,而应该注重保持节目的新鲜感和艺术感。对于如听觉、视觉和思维等生活中常见的感知和生理反应,在舞台上重新诠释时会面临很大的技术挑战。同样,舞蹈表演是一个富有创意的活动。每位演员都有不同程度的潜力,但潜力并不等同于能力。只有通过形体表现的训练,提高演员的艺术思维和创作能力,才能真正挖掘出他们的创作潜力。

如果缺乏内在情感的推动,只关注表面形式,那么便会成为为了表演而表演,为了展示技巧而展示技巧,呈现的将是缺乏生气的动作串联,而非真正的舞蹈。因此,舞者不应将基本功训练视作舞蹈教学活动的全部内容,而应该着重培养形体语言,以提升形体表现力。教师应让学生学会通过身体舞蹈展现出具有美感的节奏,从而引起观众情感上的共鸣,这才是舞蹈艺术的吸引力所在。因此,在舞蹈训练中,如何增强演员的形体表现能力至关重要。

三、舞蹈形体训练的目的

(一)提高形体素质

舞蹈演员需要通过科学的教材和严格的训练来塑造他们的身体,这是培养专业舞蹈人才的关键。在舞蹈艺术中,舞者的身体美感是至关重要的,而科学训练是实现身体美感必不可少的方法。舞蹈专业训练把芭蕾舞作为技术课的训练内容,是因为芭蕾舞融合了人体解剖学、运动力学、生理学和美学等方面的研究成果,并创立了一套现代科学文化基础之上的有效舞蹈演员训练体系。

形体训练是一种打牢跳舞基础的训练活动,旨在提升舞者的身体素质、改善舞者的体态、培养舞者节奏和协调感、调节舞者肌肉的紧张度、提高舞者身体表现能力，并通过此过程培养舞者优雅的气质和积极向上的精神。舞蹈的形体训练侧重于通过姿态和技巧来协调各个身体部位的运动，传达和展现舞者的情感和核心形象。它注重统一身体姿势的规范性，以确保不同身体部位之间的动作和呼吸的协调性与灵活性。

训练可以提高舞者在舞蹈中表达自己情感的能力，更好地展现舞蹈动作，从而具备舞蹈所需的协调性、灵活性、柔韧性和节奏感，展示出理想的身体形态、优雅的姿势和健康的肌肉。只有各个身体部位的肌肉充分发挥作用，才能使舞蹈表现更加生动多彩。

（二）强调多学科相结合的训练

任何学科想要取得进展都离不开与其相关学科进行交流与借鉴。通过综合运用人体解剖学、运动力学、运动医学、生理学、美学和民族学等多方面的知识，舞蹈形体训练可以更科学合理地进行，并将技术技巧提升至科学理论层面。这种方法有助于规范学生的形体训练，从而提升训练效果。

舞蹈表演是一种通过身体姿势和动作展现美感、传达情感的艺术形式。在舞蹈表演中，演员不仅需要具备优美的体态，还需要展现强烈的形体表现力，这是为了呈现舞蹈之美，增强与观众的共鸣。因此，唯有通过形体训练，才能真正地展示身体语言，并将其融入舞蹈表演中。

第三节 戏剧演员形体塑造与训练

一、戏剧表演的身体应用

身体作为演员在戏剧表演艺术中重要的载体之一，时刻处在一个准备的状态。一旦我们对自身身体的了解达到了一定程度，就会意识到身体不仅仅是生理特征的集合，还拥有传达情感的能力。我们常常通过身体语言来表达情感，同时，在不同文化背景下成长的个体也会在社交场合中展现出不同的表达方式。表演者需要时刻保持良好的身体状态，以便能够自如地扮演各种角色。

（一）让身体苏醒

身体是戏剧表演的重要载体，演员要对自身的身体有足够的认识，并且通过专业的训练要完美地控制身体的各个部分。需要强调的是，一个经过大量训练的身体并不是简单地通过训练产生某种固定模式。许多人认为具有舞蹈训练背景的人会成为优秀的戏剧演员，然而这种看法过于片面化。因为经过某种形式的训练后，身体可能会更加灵活，也更加协调，但某种固化的训练模式可能会妨碍身体顺利地从自然状态转变为表演状态。

举例来说，在训练自然元素表现能力时，一个接受了古典舞训练的学生常常运用多种舞蹈技巧来塑造"火"的形象。尽管动作多变丰富，给人眼前一亮之感，但总能使观众感受到舞者利用身体形成的火焰形象。因此，戏剧演员的身体需要具备较强的灵活性和较高的可塑性。

（二）展现身体的能量

1. 身体的全面运用

因为每个人都会有不同的教育背景、性格、成长环境、社会规范、生活经历等，所以每个人对身体的自我认识都有很大的不同，因此有必要解放和训练身体。在这个训练中，演员可以感受和探索身体动作的多样性。

例如，身体解放训练中的"一滴水"训练就是让演员闭上眼睛，忘记周围的环境、场景和表演，释放内心的想象，在非常安全的状态下随意行动。演员在语言的引导下描述情境，扩大内心丰富的视觉，将自我想象成一滴水，或者是雨，也可以是跳跃的溪流、泉水……然后幻想自己的身体是一个容器，装满了水，从脚趾到头部，随着水流，身体开始涌动，并随着其他水流进入溪流、河流、湖泊、海洋。接着随着环境的变化，一阵风吹来，水流也随之变化，周围有石头和小鱼，当风力更加猛烈时，水流的速度也随之变化，身体的感知也随之变化。当漩涡出现时，水流不自觉地被吸入并旋转，流进大海的"水滴"和其他水花汹涌而上，拍打着岸边的石头，激起层层浪花，最后随着潮汐起落缓缓由岸边流回……

"一滴水"的练习只是解放身体的其中一个训练，这种练习是把演员由内至外解放到一种无意识的纯身体状态，使他们自由开放地调动全身，进而成为"一滴水"，然后体验整个水上旅程。用传统的思维方式表演"水"，或者用手臂模仿水流的形态，限制了想象，缺少了"水"在整个身体中的多样性和灵活性的形式感、流向、流速和紧迫性。

2. 归零及无限可能性

在进行身体训练和创作之前，我们需要将身体归零。一方面，这种归零状态被比作一张白纸，所以用钢笔在这张白纸上画一个点和一条线会非常明亮和醒目；

另一方面，从零开始可以产生无限的可能。身体的每一个小动作都会表达出一种意义，或是某些情感。因此，一个随时做好准备的身体首先是一个抛弃习惯和社交属性的纯净身体。这个身体里没有情感、没有情绪、没有性格，只是一个可以做出动作的身体。本书借鉴法国戏剧教育家贾克·乐寇（Jacques Lecoq）的中性面具训练方法对此作出说明。戴面具的身体是放大的脸，而面具是和平的、没有冲突的，面具后面的脸应该是更放松和平静的。更要注重对外界的探索以及对外界的好奇，一切都是第一次。因此，身体的所有动作和反应都被放大了。[①]

例如，"港口告别"的训练。人群涌进港口，戴着面具的人站在港口，看着人群，寻找道别的对象。他举起手臂，挥手告别，直到船离开港口，然后离开。在这个看似非常简单的情境下，不同的人所用的道别的方式也是不同的，不同的身体运动形态会产生不同的吸引力，如通过身体呼吸的变化——吸气、举手、挥手、呼气，或者呼气、举手、挥手后吸气，可以给观众带来不同的感受。这时，因为脸上戴着面具，任何情感都无法通过面部表情来传达，只有通过身体的动作进行表现，也正因如此，身体的细微变化才会被无限放大。

因此，身体归零是不会表达出任何意义的，仅是恢复了身体的本质，在此基础上，每增加一种情境，表达就会相应地发生变化，以致表达出无限的可能性，并将一种或多种意义传递给观众。

3. 身体的节奏

一切事物都蕴含着自己的节奏，因为宇宙是一个巨大的运动体，无论是静止还是运动状态，都弥漫着节奏。例如，一个白领（有较高教育和工作经验的人士）早晨赶往工作地点，而一位老人正在街上漫步，尽管他们都在步行，但步伐却各有不同。又如，一个男人正在路上行走，突然接到电话需要他立刻前往另一个地点，于是他立即开始全速奔跑。然而，随着时间的推移，他的体力逐渐下降，最终只能减缓了速度。这表明通过改变节奏可以让身体呈现出各种不同的状态。

演员在进入归零状态时，身体的节奏训练包括6个阶段。这是一个被人们普遍接受的分类方式，包括正常速度、快、非常快、慢、非常慢和停止。演员需要在这6种不同的节奏阶段中进行练习。有时候可以让演员成为自己身体的主导者，成员的默契程度取决于训练节奏，演员在团队中相互感知，一起完成节奏的变化任务。

---

① 王潇：《贾克·乐寇训练技巧探索肢体塑造人物形象方法的研究与实践》，《百花》2023年第6期，第46页。

4. 身体的空间感

在日常生活中，人与空间是相互依存的。在戏剧艺术中，空间与演员的关系更加灵活多样，包括写实、写意（形象）和多维。演员除了在现实情境的空间中表演，还要使自己的身体具有空间意识，要能描绘出演员本身与空间的关系。在写意的艺术表现中，即使是一个空旷的舞台，也能通过双眼的聚焦和身体的描写，生动、准确地展现空间情境的存在，以及其与演员、故事情节之间的关系，从而创造出一种具有灵活性、多样性的空间方式。

比如，"身体空间建构"的实践训练。在一个空旷的空间里，演员看到眼前有一扇门（其实并没有真正的门），他走到门口，用手模拟出门的高度和宽度，触摸门的纹理，然后找到门把手，用手握住把手并试图打开眼前的门，但门却无法打开。于是，演员尝试用各种方法开门，最后门开了。当他把门推开，进入门内的另一个空间时，他将继续感受这个空间的亮度和温度……然后他通过身体进行物理探索，来描述这个未知的空间。这个空间区域是在演员的不断探索中，从一定的角度逐渐展现在观众面前的。在探索的过程中，观众可以通过演员的身体描绘和描述知晓室内的陈设等细节。当演员听到脚步声时，应立即离开空间，所以他之前经历过的路线必须以原来的方式返回，即用自己的身体感知门初始的位置，然后再次找到门把手，打开门，关上门，转身离开。

这种"身体空间建构"的训练，通过演员的身体表现将一个完全不存在的未知空间呈现出来，让观众仿佛看到一个真实存在的空间，即空间与身体的互动，利用身体的运动来描绘多种多样的空间。

5. 身体的运动方式

（1）身体的分解、剖析

由于人体的生理结构，身体的每一部分都有自己的运动方式。在准备归零的初始状态下，如果对身体的各个部位进行分解、剖析，便会发现每个部位都有其运动的方式和性能。例如：人的头部可以抬起、低下、左右侧转，头部可以靠在肩膀上歪头，可以向前伸展、向后收缩、左右侧移以及做圆周旋转。这些看似简单的头部运动却有着特定的含义。仰望代表一定的方向性，如仰望天空或冥想；低头像是陷入沉默或悲伤；水平旋转则可以反映一种态度，表示拒绝或因逃避而朝另一个方向看；头部靠向肩膀是在仔细地看；向前伸展是好奇的姿势，向后收缩是恐惧和怀疑；左右移动是倾听和注意。可见，当我们表达某种情感、心理或意识时，它是由身体的各个部位结合各种运动来表达的。通过对这些身体形态、特征和规律进行分解、剖析，我们可以更好地利用身体来表达情感。

（2）身体紧张度

在戏剧表演艺术中，一般有两种状态：紧张和放松。不管身体处于什么状态，它都是由肌肉和骨骼支撑的。当重力和身体机能改变时，身体会产生张力。不同的身体张力会导致不同的状态，身体张力在一定程度上决定了动作的质感和准确度，对身体张力的感知和掌握将帮助演员更准确地完成外部动作。

在相对应的生活情境中，身体的紧张程度可以被分为7个层次，从身体完全放松开始，就像睡在床上，奄奄一息。当达到第一个层次的身体紧张时，上身可能很虚弱，但可以勉强站起来，就像是沙漠中口渴的人看到前面的绿洲会努力地去到水源地一样；到了第二层，就会是一种比较悠闲的状态，走来走去；到了第三层，将会是一种比较简单容易的状态，就像每天上班的白领在街上行走；到了第四层有点警觉，当走路的时候，突然听到某个声音，身体就会发出戒备；到了第五层是一个具有决定性的动作，走在上班的路上，突然想到家中的门没锁，决定立刻返回；第六层是在某件事上重复了很多次之后，产生了烦躁、焦虑的情绪；第七层是终极状态，可能在被某种危险威胁吓到后会惊恐、窒息几秒钟。因此，在戏剧表演艺术中，身体张力是戏剧（身体）动作的重要基础和基本状态。掌握身体张力的表达，有利于身体表达的准确性和灵活性。

（三）身体的表达

当演员的身体经历了归零状态的基本训练后，就进入了身体表达训练阶段。生活中的身体表达，通常是通过日常沟通来完成的，这种身体表达大多是无意识的。比如：一个表情紧张的人，手上会出现有一些小动作，眼神会不聚焦，或者会高度警觉；一个急着等车的人，会不停地寻找和行走，以掩盖自己的不安；一个心理状态放松的人，有时会看手机，有时会四处看看，有时会听音乐，行走的状态也是不慌不忙的……不同的人在不同的情况下有着复杂多变的心理状态和不同的身体表现状态。然而，生命中身体的真实状态是演员创造身体的宝贵源泉和丰富基础，这就要求演员要有善于发现的眼睛、高度的观察力和敏锐的洞察力，要学会感知、模仿、积累、揣测、提炼和再现生活中不同场景和群体的身体状态。在先前提到的初步身体训练的例子中，身体机能已经进入了表达的状态。当我们在生活中挖掘出一些微妙的身体语言，并将它们加以放大、组合和赋予意义时，我们就会产生身体语言的表达词汇。

（四）身体的创作

身体的创作以主体意识为基础，在打开和使用身体表达的基础上，进一步开放身体的情感、想象和创造性,从而进行艺术创作。童年时期孩子的想象力和创造力非常丰富,孩子会在游戏中进入无限广阔的表演创作空间。比如,一个孩子手拉手抓住其他孩子做"钓鱼"游戏,或者一群孩子排成排做"火车驾驶"游戏。这些看似富有想象力的创作其实都是表演的种子,随着孩子的成长,长期的社会规范、经验、教育等,往往会限制他们的先天创造性。因此,对于演员来说,开发和训练他们的身体,使他们能够自由创造是非常重要的。

1. **身体的想象力训练**

想象力是指在已有的形象基础上,人们在头脑中创造一个新的观念或思想、图画或形象的能力。想象力是演员表演的必要前提,它来自演员的生活经验和精神世界。符合生活逻辑是培养想象力的前提,符合艺术规律是发展想象力的依据,形体想象力的培养至关重要。演员的想象应该与人物的信仰和现实相联系,在规定的情境中行动,从而建立人物的生命。

比如,"五彩缤纷的秋天"的想象练习。第一,为了营造出一种秋天的氛围,演员需要用自己的身体来表现树木、水果、落叶、秋风、河流、路上的行人、建筑物、荒野中奔跑的马匹、池塘里的鱼等,在语境中寻找故事发展的脉络。第二,编排一个微小的剧本,用身体形态刻画场景、对象、以各种形式出现的人物等,它们可以相互对话、交流甚至产生戏剧冲突。这种训练需要充分激发演员的想象力和创造力,且风格多样、天马行空,用身体展示出丰富多彩的形象和故事。

2. **身体的感受力训练**

为了提升演员的感知和表现能力,我们需要同时关注和培养演员的外在形象动作和内心情感。演员在场地内寻找一个适合站立、坐下或躺下的位置,并创造一个动作来表达内心情感。演员相互之间保持沉默,只通过肢体语言来传达内心感情。随着音乐的节奏,他们在空间中自由运动,当感受到情绪的变化时,立即改变之前的姿势、动作、走向和速度,逐渐调整身体动作幅度的大小,与之前形成鲜明的对比,以不断尝试探索新的空间和移动方式。之后,演员可以进行身体语言交流,进行镜像模仿,或者展开一些互动交流。最初,尝试进行配对练习,接着,更多的人开始参与身体上的互动和探索,这种互动可以由一位"引领者"指引,其他人则随之行动。身体的感受力训练旨在帮助演员挖掘自我形体表达的潜力、通过多人训练学会体会他人的感受、促进团队默契的形成,并最终准确表达人物形象。

3. **身体的创造力训练**

创造力是人类独有的综合能力。创造力是指产生新思想、发现和创造新事物的能力。比如，在进行"自然元素——水"这一创意训练中，汹涌的水流以不同的形式、不同的方向表现出清晨地铁枢纽站中通勤者的双重意图，来自四面八方的人们以近乎同步的节奏涌向地铁候车区。地铁进站时，又有一波人潮涌出，候车的人群冲进车厢，然后人群逐渐向四面八方的出口散去。同时，演员创作的水流意图与现实生活中的地铁场景相互交融。人的流动就像水的流动川流不息，并从不同的方向涌来涌去。

可以说，身体在戏剧中的运用非常丰富。在学习过程中，演员要着重注意身体的运用。

二、戏剧教学的形体语言

形体语言是指用自己的身体来传递信息的一种语言表达形式。在戏剧表演教学过程中，身体语言的合理渗透可以有效地增强学生的情感表达能力和情感渗透能力。

（一）形体语言的相关概述

在戏剧表演教学过程中，形体语言是一个非常重要的分支。同时，该部分与其他教学内容相比更具复杂性和难度。一般来说，形体语言有4个不同的分支：面部语言、颈部语言、躯干语言和下肢语言。面部语言是指利用眼睛、嘴巴和鼻子传递信息的方式；颈部语言是指利用抬头和低头等颈部活动传递信息的方式；躯干语言主要是指通过手和腰腹部传递的信息；下肢语言是指通过腿和脚所传递的信息。

（二）形体语言教学的具体特点

首先，形体语言教学具有交际性。在戏剧表演教学中，最直接的形体语言展示方式是面部表情，演员可以通过不同的面部表情直接表达人物的感情状态。另外，将形体语言与其他戏剧教学元素融合起来，也可以帮助学生提升表演能力。表演者内心的兴奋可以通过肩部的动作表现出来。通过观察表演者用手指扭动衣角的动作，我们可以感知到他们传达出的紧张情绪，这展示了形体语言在交流中的重要作用。

其次，形体语言教学具有可塑性。在准备演出戏剧之前，教师一般会分发给学生剧本。学生在读完剧本后，根据其中的描述来表现具体的人物形象，并在观众面前生动地演绎剧中人物。然而，在塑造和表达各种不同人物和情绪时，学生需要在不同剧本和情境中做出相应的选择。因此，在教学中，教师应该强调形体语言的重要性，借助这种方式帮助学生展现角色之间的不同，从而提升学生的表演技能。

最后，形体语言教学具有一定的直观效果。表演者用身体语言传达的情感，能够让观众更直观地理解角色的感受，从而激发观众的兴趣，提升表演效果。

（三）形体语言的重要性

1. 有利于塑造出丰富的人物性格

在戏剧表演教学中，由于教学内容的多样性，会涉及不同性别、职业和社会经历的角色扮演。这些角色之间呈现出明显的差异性。在演出时，学生需要对这些内容有透彻的了解，并在舞台上展现出来。此外，学生在戏剧表演中不仅需要在外观上与所扮演角色相匹配，还要在言谈举止上展现出与角色性格相符合，此时形体语言变得十分关键。通过生动的形体语言表现，学生的形体表达会更加自然生动，更富有张力，这将提升整体表演效果。

在形体语言的教学过程中，教师的首要任务是帮助学生充分了解如何表达他们的个性特征。所谓性格内化是指学生在扮演角色的过程中将自己完全融入所扮演的人物之中，达到一种自己即戏剧角色的状态。无论他们的行为举止或说话方式如何，他们都应该贴近戏剧中人物的形象，并将该人物形象生动地表达出来。另外，通过形体动作的补充，戏剧演出中的口头表达会更加生动和丰富。它还可以促进观众更深入地理解戏剧内容，加强学生与观众之间的精神沟通和情感共鸣。著名的无声电影表演艺术家卓别林（Chaplin）就是一个很好的典范。在卓别林主演的电影中，几乎没有任何口头对白，但他通过影像表现和动作塑造，成功地传达了剧情的主旨和情感，突显了形体语言在表达上的重要性。

2. 有利于展示人物的内心活动

在某种程度上，戏剧表演被视为一种表演艺术，同时也是一种舞台艺术。学生经过全面系统的学习后，通常会在舞台上展示自己的所学，并接受来自教师和其他观众的反馈。在进行戏剧表演时，学生需要利用有限的舞台空间尽量传达戏剧的深层含义，展示人物的内心活动，以激发观众的内心情感。因而，重视培养学生的形体语言显得非常关键。

比如，教师在指导学生学习话剧《一个女人的生活》时，不仅要让学生在服装和语言上做出改变，还要引导他们了解不同阶段的女性行为差异。比如：青春期的女性活泼靓丽；中年时期的女性需要维持家庭的稳定运行；老年时期的女性脆弱而蹒跚。这些都需要学生通过行为表现出来，以此加强观众对角色的理解。

在许多场景下，形体语言有助于引导整部剧的情感发展、营造合适的氛围、激发观众的情感共鸣。因此，教师需要高度重视培养学生的形体语言。

3. 有利于营造戏剧中的情感氛围

形体语言在戏剧演出中具有独特的表现力，能够实现"无声胜有声"的表演效果，其与其他戏剧表现形式相比表现更加出色。在戏剧表演中，许多情节是无声的。在这种情况下，如果引入语言会显得突兀，可能会破坏气氛。此时，形体语言的重要性就突显出来了。举例来说，当学生在教师的指导下学习话剧《窦娥冤》时，其中一个场景是窦娥遇见她的父亲窦天章。在这种情况下，任何语言都不足以表达感情，这时教师可以鼓励学生利用形体语言来传达情感，如流泪、颤抖等动作，通过这些动作来体现窦娥内心情感，这样可以使表演效果得到大幅提升。

4. 有利于加深戏剧的整体内涵

在整个戏剧表演过程中，形体语言是一个非常重要的情感因素，它可以加强人物性格的塑造，也可以加强学生对人物形象的理解，从而提高整个戏剧表演的效果。

例如，教师在指导学生学习话剧《武松打虎》时，可以通过一些打虎的动作来表现武松的勇猛。在教学中，教师可以教学生一些武术技巧，并在此基础上进行一些优化动作的处理，从而使整部戏剧形成一定的美感。此外，在教学过程中，教师还应合理地听取学生的建议，调整学生的身体状态和形体动作，丰富学生的形体语言，从而有效地提高整体教学质量。

（四）形体语言的教学技巧

第一，在形体语言教学过程中，教师不能把单向的教学思想结合起来对学生进行教学渗透。当不同的学生接触到剧本时，会形成不同的心理感悟和自我理解，如果教师的引导过于僵化，会在一定程度上限制学生的思维，也会给学生造成较大的心理压力，从而影响教学效果。

第二，在形体语言教学中，教师应注意给予学生合理的指导和建议，如学生的动作是否夸张、表达是否突兀等。在指导学生学习"失去爱子"这一情节时，无论是大声哭泣还是默默哭泣，都应与学生进行交流后再进行合理的情境设计，以增强整体的戏剧效果。这样做可以有效地提高学生的表达能力和学习积极性。

综上所述，在戏剧表演教学过程中，将形体语言融入教学过程，可以有效地加强教学内容的表达和传递，也可以直接影响到整体教学效果。因此，在戏剧表演教学过程中，教师需要加强对形体语言教学内容的重视和分析，并与学生进行良好的沟通，以促进学生学习效果的稳步提高。此外，在戏剧教学过程中结合形体语言教学时，教师也应注意教学内容的侧重点，以防对教学效果产生不良影响。

三、即兴形体表演训练

表演是形体动作的展示，是在语言出现之前的沉默沟通，形体的训练是戏剧表演的重要内容，而即兴的表演是学生个人创作之路的起点。最初的即兴形体表演训练是无语言心理状态的情境重构。情境重构指的是以最简单的方式重新建构生活现象。在完全没有戏剧转化、没有夸张效果的前提下，依据每一个人的心理状态，最真实地呈现现实。学生在完全不考虑观众的情况下，让一个个情境活起来，如教室、医院、地铁等。此后，表演才开始出现。在考虑到情境的戏剧层面之后，演员开始为观众而存在，演员给予他的即兴练习一种韵律、一个衡量尺度、一段时间、一个空间以及一种形式，在这种情况下，表演与情境重构非常靠近，但当所采用的戏剧转化方式非常大胆而激进时，二者也可以相距千里。然而，我们绝对不能忘记，表演的出发点永远是真实世界。

（一）即兴表演的创作观念

1. 摆脱表演僵化的有效手段

阿尔托学派极力倡导即兴创作，认为"如果没有了即兴创作，创作就失去了它的力量，失去了感染力，戏剧就会失去欢乐，失去生命……即兴创作使舞台上发生的一切焕发新的光彩。……即兴创作能打破刻板公式，消除局限性，使创作自由找到出路，是现代舞台摆脱僵化的最有效的手段之一"。[1]演员以一种自由创作的状态处于创作的情境之中，而不是坐等各种动机的自动产生。如果一个演员只是坐等各种"选择""冲动""意图"的产生（这些都是训练有素的演员所引以为戒的），那么我们看到的将是演员在表演着各种"选择"，而不是在诠释一种令人信服的、出自自然直觉的、充满创造力的生命。这样的"选择"是具有破坏性的，它使演员把自己局限在某个窠臼之中觉得高枕无忧，从而逃避那种在无法预期的状况下由本能反应所带来的冒险性和神秘感。另外，能够了解自己的意图是件好事，但却不能过火地去表演某种意图。

---

[1] 李岚、赵丽敏主编：《西方舞蹈史研究》，白山出版社2015年版，第189页。

2. 即兴创作是一种表演能力

即兴创作是演员技能中至关重要的部分，处于演员训练的核心位置。它的目的是探索发掘人物的性格、社会关系、所处情境，尤其是演员自身无意识的经验、记忆和感情。即兴创作是摆脱表演僵化的最有效的手段之一，使得演员能够从各种局限中解放出来。在练习中、排演中、演出中的即兴创作是很有价值的。表演永远是在不断地即兴创造中变得更加准确、更加丰富、更为细致的。许多表演的练习都是即兴表演，需要学生的即兴表演能力。即兴表演在表演创作与演出中的地位也愈来愈重要。因此，表演训练中的一个重要与核心的课题就是对即兴表演能力的训练与开拓。

3. 排练的"开放性"

舞台上的每一刻都是充满变化与活力的，会有各种各样令人预想不到的可能性。排练是一个开放的过程，是一个发展的过程，亦是一个不断创造的过程。排练又不可避免地在重复当中进行，戏剧排练的多次重复容易造成刻板与僵死，戏剧表演中的调度、台词和大量经过选择的动作和表情，总是需要重复练习，它们有相对的固定性。在练习与排演中应强调"即兴表演"和"表演的即时性"，变重复为再现，变重复为创新，倡导"有机重复的即时性"。演出的过程是"开放状态"，排演的过程是"开放状态"的过程，练习过程也应锻炼这种"开放状态"的能力。表演创作是需要排练的，在演出中，即兴创作的推动力是排练，排练可培养演员即兴创作的自我感觉。在排练中，即兴创作的方法有时能带来其他任何方法所不能达到的效果。在现场表演中，演员所感受到的是一种既有我又无我的自觉与不自觉之间的状态，表演的一切技巧此时应化为演员自身的一部分。演员若能做到不为技艺所役，表演的真实灵性就会自然流露。现场表演除对角色进行总体把握外，还应着力于现场的感受、灵感与即兴的表演。这样才能让"戏剧的真理永远处在运动之中"。

4. 服从"总体构思"

即兴创作必须服从"总体构思"，它应不违反、不脱离演出的构思、目的和任务，为整体演出增色。演员应该努力地使自己整个的身心向环境开放，以便能够在总的框架之内做出各种即兴的当场反应。演员要把演出看成一个不断发展、不断变化的过程，无论是演出还是演员都必须处于一种永远开放的状态，每次演出都得有所发展。当然表演总谱是固定不变的，与总谱的重新接触和对峙会在每一次不同的演出过程中把演员引向一系列新的发展，从而带来一系列新的体验和反应。演员不应该模仿自己的过去，不应该企图去抓取上一次演出的效果。

5. 一种集体创作

即兴创作应是一种集体创作，它以团队成员之间相互的配合为基础，使个人的主动性和每个演员的自由与整个演员集体统一的集体意向结合起来。如果脱离了对手、脱离了集体，它就失去了意义。要使即兴创作的工作方法带来预期的效果，优秀的演员就要激发其他的演员进行即兴创作，唤起他们的想象力、鼓舞他们的探索精神、吸引和带动大家一起创作。表演的成功与否取决于导演是否能够完成排练过程中最困难的几个任务：排列出剧本的一系列事件、使剧本中每一处情节的冲突得到实现、使所有的演员都保持准备进行即兴创作的状态，以及使演员摆脱习惯的反射作用的束缚，唤起他们即兴创作的精神状态，并且导演本身要善于即兴创作。导演应该善于同演员一起在规定情境中探索。如果他不善于用剧作家提供的主题进行即兴创作，那就会出现使创作简单地变成演员的任意行动的危险。如果即兴创作违背了剧作家的构思，脱离了剧本的目的和任务，那它就可能起到相反的效果，所以让即兴创作不破坏贯串行动的情节脉络，并服从于剧本的逻辑十分重要。

6. 处于一种"活"的状态

"活"是影视与话剧表演的灵魂。从表演观念上去理解，"活"是表演的第一基本功。在戏剧形体的教学方面，学生学习的第一课就是"活在舞台上，不要'演'在舞台上"。"活"就要克服虚假，建立"以假当真"的信念；"活"更要克服刻板与僵化。反对僵化、公式化仍是"活"的首要任务。演员要大张旗鼓地在表演领域里反对刻板、僵化的表演，提倡表演中"生命性""生活性"的东西。要让表演充满生活气息和生命活力，要打通表演与生活的通道、生命的通道，赋予表演"生活气息"、赋予角色"生命"。在即兴创作中，演员要能够自然和直接地激发创作行为潜在的资源以投入行动。排练与演出的过程应始终保持一种"活"的"开放状态"：在戏剧排练和演出中，永远不会有一种所谓的最终完成品。

（二）即兴表演是虚构中的真实

1. 沉默的限制环境

我们在了解即兴形体表演的过程中，知晓了形体表演需要在剥夺语言后来表达自己的想法，并通过形体的展示重构出一个环境来，以了解语言之后的形体的真实。这样就需要感受沉默的力量。

沉默是一个重要的限制，要从这种沉默中脱离只有两个方法。一个方法是话语。当沉默被戏剧张力涨满时，主题会被释放出来，话语开始接替沉默的位置。

于是我们可以说话，但必须是在非说不可的情况下。另外一个方法则是行动："我做某件事。"一开始，学生总是不断想要促使事件的发生，于是制造出许多不必要的情境。他们这么做完全是忘记了其他演员的存在，并且忽略了与他人一起演戏的重要性。我们必须了解一个重要现象，那就是反应，表演只有凭借对他人的反应才能建立，内在世界借由对外在世界刺激的反应显露出来。为了表演而去追寻自我的多愁善感，回忆一些悲伤的事情，是没有任何帮助的。

即兴练习是一种无语言的表演练习方式，它要求学生单独表演，学生在表演的时候应该单独完成全部内容，并且教师不应该设置表演的时间，应完全靠学生来表演，并且教师要注意学生所表演的内容是否有趣又合适。

2. 等待的导向主体

"等待"是初期的无语言即兴练习中非常重要的导向性主题。表演的主要动力在于眼神，也就是观看与被观看。生活中，我们随时随地都在与我们不认识的人一起等待，如在邮局，或在医院。这个等待不是抽象的，它孕育自许多不同的接触与互动，有人动作，有人反应。我们试图在即兴表演中看到这层现象，但同时也要观察它在真实生活中的呈现。光是靠回忆不足以建立表演，我们需要在每一个戏剧时刻找到活生生的反应与感觉，不管是观看路上的行人，或是在排队队伍中等待，都必须观察人的行为。

这样的形体表演有一个适合的主题为"内心的交锋"，其背景可以安排在"有些装腔作势的上流社会"的环境中，但它也可以发生在另一个完全不同，甚至无须定义的空间之中。比如，想象在一个好天气的傍晚去参加一个有钱人的宴会，结果来了五个互相都不认识的人，他们一个一个进到同一个沉默的空间中，尴尬地等待着主人的到来。

这个练习容易产生几种偏差。一是表演者仿佛演哑剧一般，用手势来代替无法说出的文字，或是靠挤眉弄眼来表达他们的意思；二是"在还没真正看见前就先看见了"，即在感官的驱动还未开启之前，他们就先做出了手势动作。当第一个客人进入时，他并不知道自己是第一个，于是，"惊讶"就成为一个极为重要的时刻，它是让演员发挥表演才能的大好机会。只有演员才知道剧本将如何收尾，角色并不知道。

三是在进场的时间长度与空间距离上，后上场的人会不自觉地模仿前人。首先进场的两个演员制造了一种拍子，而为了让表演真实并且具有生命，第三个人上场时必须把这个拍子打破。他必须找到一种韵律，而不是一个节拍。节拍是几何的，韵律是有机的；节拍可以是明确的，韵律则是难以捉摸的。韵律是对一切具有生命力的元素的回答，可以是一段等待，也可以是一个行动。进入韵律就是进入生命的原动力。每一件事物的核心都存在着一种韵律，就好像是一个未知的神秘。当然，教师一般不与学生直接说明这一点，否则他们什么也不用做了，这些内容必须靠他们自己去发现。

其实在这样的情况下，人们很容易站成对称的位置。他们之间总是保持几乎相同的距离，不管是站成一排、肩并肩、前后站，或是形成一个网，场上的所有演员都倾向采用可量化的几何关系，但这和动力式的几何关系是不同的。每一个角色都必须既属于同一个团体，又各有不同。他们必须找到自己的节奏、自己的空间。

3. 表演的音阶结构

通过前面的联系积累，慢慢地，我们可以在这里找到单纯的戏剧结构。那是一种不再有具体的画面，也没有预先设定的情节，只有可以被解构、被分析的戏剧驱动力。在这个结构的基础之上，我们能够提炼并突显出几个不同的副主题，这些副主题全都能被一个主题所概括："一个……的人。"当被简化至只剩下戏剧驱动力时，那些描写心理状态的戏剧主题，将从其叙事性的外表中解放出来，并在某些时刻到达一种极为特殊的表演层次。由此，我们能够以极为精确的角度观看某些不起眼的细节，这些细节往往能发展为极其精彩的戏码："他以为……但其实不是！"他以为别人在等他、他以为别人讨厌他、他以为自己很厉害、他以为别人在对他笑。这种类似的情节设定在情节中是一种非常有趣的发展。

在这个练习中，最重要的是呈现逐渐向上的音阶式动力状态，我们必须表现出其间所有的细腻变化。在情境的慢慢递升当中，我们如果将它持续地发展下去，将会得到近似意大利即兴喜剧的戏剧结构，也就是一个真正的剧目大纲。情境也将被带到极端的状态里：某人很害怕，所以往后退，甚至躲到地毯底下。

我们总是试着把情境推动到超越现实的层次，发明出在真实生活中无法辨识的表现方式，以便观众能发现戏剧总是走得更远，它运用转化的方式将真实生活往外延伸。

音阶的概念充分体现出在戏剧情境中，张力渐渐攀升的不同时刻。我们把这个概念运用在一个技术性的即兴练习当中，它的题目叫作"六个声响"。具体的设定是，在做一项具有重复性并且运用到全部的身体劳动时（如劈柴、刷油漆、扫地等），听到六个声响。这六个声响各自有其不同的重要性。第一响，没有听到（但这并不表示没有反应）；第二响，听到了，但并不特别去注意它；第三响，开始变得重要起来，等待之后是否还会有声音出现；第四响，这一响非同小可，以为自己知道声音的来源，所以也就放下心来；第五响，它的出现显然打破了之前的推论；最后，第六响出现，而且有一架飞机从头上低空飞过。

这个结构极为清楚的音阶练习，将作为日后其他音阶练习的参考指标，我们在许多不同的戏剧情境中都将会遇到。这个练习特别有助于我们了解何为动力状态渐渐攀升式的动作，以及从技术的角度来看，"音阶"是怎样决定动作的。

以上所有的戏剧经验都延迟了话语的出现。无语言表演的规定将引导学生领悟到一项极为基础的戏剧法则，那就是：话语诞生自沉默。同时他们也会发现，所有的动作都源于静止。

（三）中性面具下形体的吸引

中性面具的课程出现在无语言心理状态表演之后，但实际上，这种课程的出现才是真正学习形体表演的开始。经验证明，与这个面具相处的过程会给学生带来极大的发现。

1. 中性面具的意义

中性面具是一个很特别的对象。它是一张脸，代表中性，并且永远处于平衡，它引发出一种平静的身体状态。当我们将这个面具戴在脸上，它能使我们感受到一种随时准备好要行动的中性状态，一种对周遭事物感受力极强，并且完全没有内在冲突的状态。它代表的是一个具有参考意义的面具，一切面具都以它为发展的根基。在所有面具的背后，不管是表情面具或是意大利即兴喜剧面具，都有一张背负着全体面具的面具——中性面具。学生一旦感受到这一种中性状态，他们的身体将完全开放，就像一张随时可以进行戏剧创作的白纸。中性面具是一张带有平静气质的面具，如果没有特殊表情，将永远处于平衡状态。

中性面具和其他所有面具一样，不能完全贴在演员的脸上。面具与演员的脸之间应该保持一定的距离。这个距离就是演员表演的空间。同时，面具也应该比脸再大一些。一张与脸同样大小的面具，就像那些复制于去世者之仪容的面具一样，既不能表演又没有任何光彩。这一结论适用于所有的面具。

中性面具可以从根本上帮助演员在表演中有力量地存在着。中性面具使演员处于一种探索、开放与随时准备好的接受状态。它使演员以仿佛第一次的新鲜感去注视、聆听、感受与碰触每一件最基本的事物。演员进入中性面具的方式就像进入一个角色，但不同的是，中性面具并不是一个角色而是一个中性的生命个体。一个角色有他的冲突、过往、背景和情感，而中性面具则永远处于稳定的平衡与身体协调的状态之中。

演员的动作永远恰到好处，无论是姿势还是行动，都和谐一致。以中性为基础来发展动作，将为日后的表演提供非常重要的倚靠。因为当了解何为平衡状态之后，演员才能更好地表现角色的失衡状态或冲突。对于那些在真实生活中就已经与自我和身体充满冲突的人来说，中性面具更能帮助他们找到一个让其自由呼吸的支撑点。对所有人而言，中性面具都具有绝对的参考价值。

在中性面具之下，演员的面孔消失，同时他的身体在观众眼中变得更加引人注目。我们一般在与人交谈时总是看着他们的眼睛，但是在中性面具下，观众看的是演员的整个身体。面具变成了眼睛，而身体则变成了一张脸！在这样的情况下，身体的所有动作都以更强烈的方式展现。如果一个演员真的演好了中性面具，那么当他把面具拿下来后，他的脸应该是放松的。这种情况我们可以不用看他的表演，光看他面具拿下后的脸，就可以知道他是否真正演活了这张面具。面具剥除了演员强加于外的花哨技巧，因此演员露出了一张美丽而随时准备好行动的脸庞。一旦演员达到了这一完全开放的境界，那么即使脱下面具，演员也不会再出现装模作样、夸大不实的形体语言。所以，中性面具的最后目的其实是"脱掉面具"。

第一个即兴主题可以设定为"苏醒"：学生放松地躺在地上，进入休息的状态。接着，要求学生想象自己第一次从睡梦中醒来。当面具醒来之后，他能做什么？他会如何动作？

这个主题的表演由7~8人组成一组，在其他学生面前以集体但各自独立的方式演出。主题强调的并不是写实：在指出是第一次苏醒的前提下，同时也意味着裁去了所有的环境元素与变因，显示出主题的共通性与本质性。

2. 元素旅程的伴随

元素旅程是中性面具当中一个十分重要的主题。它是一个穿越大自然的旅程，在这个旅程当中必须走、跑、爬、跳。这个主题由一个演员单独执行，即使有多个演员同时进行，他们之间也没有任何交集。

在这一主题之下的大自然是安详的、中性的及稳定的。它不同于荒野求生手册中"童子军"式的大自然，强调人与自然间的距离。其实，自然所体现的就是中性状态。当我穿越森林，我就变成了森林；当我站在山巅，仿佛我的双脚就踩在山谷之间，变成了一座山。"元素旅程"是教师教学工作的核心主题，它是迈向之后各式各样认同练习的准备活动。

这种光明灿烂的、象征性的旅程，是为了让学生体会到该主题诗意的一面。但丁（Dante）的《神曲》、莎士比亚（Shakespeare）的《暴风雨》、布莱希特（Brecht）

的《教父亚图发迹史》都是我们引导、刺激学生的材料。穿越河流的过程可以引申为从青少年到成人的成长历程，所有的动作皆呼应于不同的情感呈现：从一边到另一边的河岸之间，有暗流，有漩涡，有水的涨落与水的来回激荡。与在其他练习中一样，教师要经常给予学生最大的鼓励，使他们能让这旅程充满许多不同的丰富意象，而不让它成为呆板的旅游日志。

在此之后我们重新做同样主题的即兴练习，但这一次是放在一个极端的情境中：极度恶劣的天气之下。极端情况下的即兴练习将学生带到他们从未亲身体验过的情境当中，并且做出他们在日常生活中从未做过的高难度动作。这些练习促使他们处在一种紧迫的想象状况当中，从而达到身体各种可能出现的极限。

3. **体会大自然的元素**

中性面具的第三阶段练习在于如何认同。当然，认同并不是指百分百地变成他物，如此就太严肃了，而是指"扮演"他物。在学生戴上面具之后，教师可以建议学生先来掌握和扮演大自然的四大元素：水、风、土、火。

对于水的掌握，学生可以试着演大海，除此之外还有河流、湖、水洼、水滴等。从最柔顺的水到最凶猛的水，学生可以试着探索各种不同形式的水来寻找属于水的动力状态。

风能够在空气中呈现出来，这也是人们感受到风的最主要的形式。它借由所有它所吹动的物体而呈现：一片树叶、一块薄铁皮、一条手帕……它包括所有的震荡与气流，任何吹过的、轻轻颤抖的、旋转飞扬的。

土的呈现形式有两种：一是可以被我们捏揉、塑形的泥土；二是树。其实很好理解，树是土最主要的象征，因为它被种在土里。对演员而言，练习与树认同是最重要的功课。演员必须学习如何像树一般双脚稳扎在土里，保持身体平衡。例如，契诃夫（Chekhov）的《海鸥》中，扮演妮娜的演员必须先学会将脚跟扎稳在泥土中，才能真正体会到如风一般失去方向的感觉。

水、风、土、火中最特别的就是火。它是四大元素中最绝对、最挑剔的，因为它的存在形式就是它本身。

在自然元素之后，认同的对象扩展到了不同的物质：木头、纸张、硬纸板、金属、液态物质等。如此是为了拓展演员在表演上的参考范围，并且感受到存在于不同物质之间的微妙差异，这种差异有时甚至共存于同一物质。黏糊糊的、滑溜溜的、细腻的、油质的……不同的状态拥有不同的动力状态。希望学生能真正体会到万物的精髓，正如一个美食家能品尝到不同香料对食物造成的微妙影响。这种对万物细微差别的精确把握能力需要长时间的训练，而颜色、光线、文字、韵律、空间，这些内容被统称为人类共通的诗意本质，笔者将带领表演者抵达这一目标。中性面具到此告一段落。

4. 戏剧转化的过程

要做认同训练就需要一段时间较长的工作期，而且必须再回到戏剧层面。假如在真正的剧情中有转移技术的"魔法"，那就是通过揣摩大自然的动力状态、动物的行为动作、物质的内在韵律来更逼真地诠释人类本质中最细腻的情感。它是一种不同于写实表演的戏剧转化层次，也就是所谓的戏剧转化过程。

这个过程包含了两种戏剧处理方式。第一种方式为将物质或动物拟人化，为它安上一种行为举止、让它说话、和别人产生关系。例如，让火说话，可以不让焦虑与愤怒现形；将风拟人化，代表着全身缺乏着力点，以变幻不定的韵律四处游走而从不停止。

第二种方式在于现象的反转。从一个角色出发，渐渐地，我们让深藏在他内在的元素或动物以表演的方式慢慢显现出来。比如说，一个埋首纸张中寻找文件的男人可能会慢慢引发出沉睡在他内在的老鼠形象。同样的情境，另一个人也许会如火焰一般燃起愤怒或爱意等。在充分体验过关于认同的各种自然界与动物的练习之后，演员（或作家）有时是在不知不觉的情况下，把这些经验运用到创作之中，使之丰富他们需要表演（写作）的角色，并且让角色的某些深层特质显现出来。他们所得到的是一连串既复杂又精准的参考依据，这也是让他们在创作时可以倚靠的着力点。

认同练习最主要的目的是发掘记录在每一个人身体当中的记忆痕迹与刻印在身体里的身体回路。人的身体里面平行流动着各式戏剧情感，这些情感将记忆痕迹与身体回路作为抒发的管道。这些情感从沉默与静止通过最激烈的动作爆发出来，经历了无数的中间动态阶段，将会深深地刻在演员的身体里，演员在舞台上进行诠释时，它们将会纷纷苏醒过来。许多年后，当演员在诠释一段文本时，这个文本将引发他身体的共鸣，并与那些丰富而有趣的经验相遇，而这些将帮助演员创造出鲜活生动的表演形式。在这之后，演员就能清楚了解这一切的发起动机，并且真正掌握言语。其实我们的身体熟练地掌握这一切的原因是大自然，大自然才是人类的第一母语，只要身体熟悉它，哪怕大脑不曾记得，也会自动保留下来相关的记忆。

（四）追寻艺术道路的方法

1. 人类对美好事物的追求

在最初的艺术道路上，我们的探索并不依靠任何文本或是任何一种既存戏剧传统。我们对形体艺术的唯一灵感来源就是生活本身。我们了解生活的方法便是以模仿身体，以及情境重构的方式，让学生将想象力延伸到其他的层面和领域。我们以心理状态的情境重构为第一步，借助面具的力量，慢慢将表演层次一层一层地往上提升。

与此同时，还有第二种深度性的艺术探索道路，这条探索道路带领我们通往生活的精髓，它是人们对美好事物的追求。它所关注的是所有事物抽象的一面——所有由空间、光线、颜色、物质、声音所组成的事物，并且它们可以在我们身上找到回声。依据每个人生命经验和感受的不同，我们所见、所听、所触摸、所品尝的也不同，这些元素以不同的方式存在于我们的身上。所有这些存留在我们身上的元素，组成了属于我们的基本特质，我们依据这些特质来传达内心的冲动以及创造的欲望。

当我们观察一片海洋的运动，或是一个元素，一个物质，如水、油等时，我们所面对的是客观的动作，对于这个动作不但我们能与之认同，它也会在观者的内心引发同样的感动。除此之外，其他不会动的事物的内在也存有一种动态。它们是颜色、文字、建筑。一个颜色虽然没有形状、没有动作，但是它却能在我们内心引发一种运动，使心"动"起来，产生感"动"。我们借由动态默剧这种非源自日常生活的身体动作，来寻求如何表达这些特别的情感。

动态默剧将蕴藏在物体内在的韵律、空间以及力量显示出来。当参观埃菲尔铁塔的时候，每个人或多或少都会在内心产生一股莫名的悸动，而我们要做的就是把这份感受用动作表现出来，它所表现的也许是一种既往下扎根又往上延伸的动态，并且伴随着逐渐减缓的速度。必须说明的是，我们并不欲以拟真素描的方式来描写动作（写实模仿）。它不是一种翻译，而是一种感动。当我们喜欢一个人或一件事物时，就会不知不觉地模仿他们。在学校里，学生要做的就是将这个模仿行为从潜意识的深处拉出来，并把它投射于外在的世界。这个过程一开始是一种重新认识，接下来将会变成一种领悟，最后会变成创作的力量。凡是与艺术有关的工作者，不管是画家、作家，或是演员，其创作都离不开从这些经验中汲取养分。

2. 形体动作的色彩感受

我们先从颜色和光线开始。奇怪的是，尽管国籍或文化不同，但在面对颜色时，它所引发的动作联想在每个人身上几乎都一样。当拿掉各自的象征意义之后，对于全人类来说，它的诗意本质是相同的：蓝色，就是蓝。

每一个颜色都有最适合的一段时间、一个空间、一个节奏、一种光线。我们常会怀疑一个动作是否太长，是否动得太多，是否渐渐失掉了它的颜色。比如说，学生经常喜欢以"爆炸"式的跳跃来代表红色,但事实是,一旦"爆炸"动作完成了,红色便将不复存在——它将变成光线。真正的红色只存在于"爆炸"前的那一刹那,存在于最集中最强烈的动态张力之中。

当学生在做这类练习时,教师的关注重点应该是他们的动作所呈现的质感。一般情况下,教师会仔细观察这些动作是来自他们自己的身体,还是来自外在现成的形象;并且,观察他们的动作是否太过于象征化,是否只重在描绘颜色的外在形象。当这些情形发生时,教师就需要指导学生删减多余的动作,避免累赘,一步一步带领学生进入身体中心最接近颜色真实面貌的地方。这一切都无法以名称代替!

这个训练运用到了诗、绘画以及音乐。从对颜色的分析开始,学生紧接着必须对一张图片或是一幅画做出全面的分析。学生需要先去美术馆观察绘画名作,然后再以动态默剧的方式将绘画翻译成另一种形式。同样的,这里的重点并不是将一幅画重新描绘于舞台上,也不是向观众解释这幅画,而是直接地与观众分享这幅画的内在精神。

单独的颜色与图画中的颜色之间存在的差异总是让人兴趣盎然。在一幅画里,颜色通常会脱离它原本的感觉,而激发出一种完全不同的动态。在梵高(Van Gogh)的画中,黄色动起来的方式与单独的黄色不同,它有紫色的感觉。而在夏加尔(Chagall)的画里,高与低之间、天与地之间存在极大的落差。如果学生决定要表现这样一幅画,他们必须避免将这些元素切割成不同的独立片段:一边是充满泥土气息的乡村,另一边是空中飞翔的小人儿。相反,他们的呈现方式应该是从一端到另一端的过程——往下扎根或是向上漂浮,这两端之间的张力才真正代表了夏加尔画作的核心精神,这也是学生在呈现画面时建构的重点。在这里,我们所探讨的是艺术的本质问题。

这个训练由一群学生以集体的方式完成。虽然每个人的动作各有不同,但却能一起组成同一个身躯。我们也可以做一些不同的尝试,那些有建筑观念的人可以将画作一直提炼到只剩下核心结构。由此,不同画家作品的抽象结构都可以用动作与空间的方式呈现。比如说,就美国抽象派画家波洛克(Pollock)的作品而言,如何表现他的画作就显得异常有趣,因为他的画必须被放在地上欣赏。观看者通过重叠的结构,穿越一层又一层的油彩,进入让人极度焦虑的核心。因为,在他的作品深处,没有任何予人支撑的着力点。

3. 文字的身体力量展示

文字由两大部分组成,一是动词,即动作的承载者;二是名词,即代表一切有名之物。文字就像一个有生命的器官，我们要寻找属于文字的身体。为此，我们必须先选择哪些字能提供真正的身体动态。在这个标准下，动词似乎较符合需要：拿起、提升、打破、锯开等，这些词本身就包含了动作。"我锯开"本身就负载了动作的动态。在法文中，黄油（le beurre）一词念起来似乎已经有被涂抹开的感觉，但是在英文中，黄油（the butter）听起来却好像还在包装盒里。可见，依据语言的不同，相同意义的字反映在身体上会产生不同的作用。

从文字到诗的转换也是快速的，文字的温柔可以展现在动作中，并与自然景观紧密相连。一首诗不管是用哪种语言写出来的，只要用身体去表现出来，这首诗就是素材，也是进行即兴形体表演后的重要精神食粮。

第五章　高校形体塑造与训练

随着现代社会对形体美学的重视程度日益提高，形体塑造也成为许多大学生的必修课。本章的主题是高校形体塑造与训练，将从以下两个方面重点论述：高校形体训练的体型与姿态训练、高校形体训练的健美操训练。

第一节　高校形体训练的体型与姿态训练

一、高校体型训练课

（一）柔韧训练

1. 柔韧训练的注意事项和分类

（1）柔韧训练的注意事项

柔韧训练通常从两个方面着手进行。一方面是采用静力性和动力性拉伸的方法。静力性拉伸是指缓慢地压、控腿，这种方法不易拉伤肌肉、韧带等软组织，而且耗能小；动力性拉伸则是运动相对更加激烈的踢腿、甩腰等，这种方法对提高肌肉的能力效果显著，耗能也大，利于消耗脂肪。柔韧训练时静力性和动力性拉伸应结合进行，这有利于练习部位的综合锻炼。另一方面是采用主动和被动练习相结合的方法。主动练习是指练习者依靠自己的力量使肌肉拉长，提高关节活动的灵活性；被动练习是指练习者通过他人的帮助，借助外力使肌肉拉长，并使关节活动范围增大。当然，无论采用哪种方法练习，我们在训练中都应注意以下3个方面的问题。

一是准备活动要充分，动作要由小到大、由慢到快、循序渐进，以防肌肉损伤或拉伤肌纤维、韧带组织，同时注意与放松练习交替进行，以保证肌肉原有的弹性和伸缩能力。

二是发展柔韧素质比发展其他素质更容易见效，但也更容易消退，需坚持训练。

三是发展柔韧素质要注意与发展力量素质相结合。

（2）柔韧训练的分类

柔韧训练包括有把练习和无把练习。有把练习指练习者借助有一定高度的物体（如把杆、椅子、高台等）进行的练习，主要以压、撕、吊、踢、倾、曲等动作为主；无把练习指练习者不借助其他物体，在地面上完成的练习，主要以压、掰、开、绷、直、拧、倾、曲、坐、卧、躺等动作为主。有把练习和无把练习都能有效地对身体各关节的韧带和肌肉产生作用，使韧带和肌肉的弹性力量更强。下面简单地介绍几种常见的有把练习和无把练习方法。

2. 柔韧训练的方法

（1）有把练习（以把杆为例）

①扶把。双手扶把：身体面向把杆站立，距把杆约一脚，两臂与肩部同宽，两手握住把杆，肩、肘、腕下沉且松弛，两脚并拢，脚尖微分，两眼平视前方。

单手扶把：身体侧对把杆，内侧手轻扶把杆稍前于身体，外侧手按不同要求放置在不同的位置，其他要求同双手扶把。

②压腿。前压腿：单手扶把，外侧腿脚跟置于把杆上，绷脚尖，外侧手上举。练习时上体前压，腹部尽量贴近大腿。

侧压腿：身体正对把杆，一手扶把，同侧腿脚跟置于把杆上，绷脚尖，另一只手上举。练习时上体侧倒，向把杆上腿的内侧屈压，上举的手尽量触及脚尖。

后压腿：单手扶把，外侧腿后举，脚背放在把杆上，外侧手上举，练习时上体尽量后屈，以头去贴近后腿。

③压肩。正压肩：双脚开立同肩宽，上体前倾，沉肩，双手握住把杆，练习时肩部向下做压振动作。

拉肩：身体背对把杆，双手扶把，练习时向前送髋，或者下蹲呈反吊姿势，做静止练习。

④压腰。俯压腰：双脚开立同肩宽，双手握住把杆，上体前倾，抬头，塌腰，练习时也可由帮助者向下按压腰部。

仰压：双脚开立同肩宽，一手握住把杆，一手上举，上体后仰。

⑤踢腿（以大踢腿为例）。正踢腿：单手扶把，外侧腿为动力腿（练习腿），其脚尖后点地，外侧手侧平举。练习时动力腿迅速用力向前上方踢出，绷脚尖，用脚背力量带动踢腿，两腿伸直。腿回落时注意控制至还原。

侧踢腿：单手扶把，身体保持正直，外侧腿为动力腿，其脚尖于主力腿（重心支持的腿）前（后）外侧点地，外侧手侧平举。练习时动力腿迅速用力向侧上方踢出，绷脚尖，用脚背力量带动踢腿，两腿伸直。腿回落时注意控制至还原。

后踢腿：双手扶把，动力腿脚尖前点地，练习时动力腿迅速用力向后上方踢出，绷脚尖，用脚的力量带动踢腿，两腿伸直。腿回落时注意控制至还原。

以上动作要点：注意保持抬头、挺胸、立腰、髋正、两腿伸直。动作幅度应逐渐加大。

（2）无把练习

①前压腿。两腿伸直、并拢坐于地面上，上体尽力向前伸展俯贴于双腿上，两臂前伸，两手扶脚（也可让同伴双手向下按压腰部，增加强度）。

②侧压腿。一是两腿尽量分开坐于地面上，上体前趴，贴于地面（也可让同伴双手向下按压背部，增加强度）；二是呈分腿坐姿势，一腿屈膝脚收于胯部，异侧手握住踝关节，上体侧屈，另一臂上举触侧腿脚尖。

③肩胸韧带（两人练习）。方法1：练习者站立，两手交叉，掌心向外，两臂伸直上举至头顶。同伴背对背站立，两手握住练习者双手，向下施力。要求同伴抵紧练习者的肩。

方法2：练习者两腿并拢坐于地面，两臂侧平举，掌心向前。同伴握住练习者腕部，使两臂在体后交叉。要求练习者立腰。

方法3：练习者跪坐于地面上，两手交叉放于头后。同伴双手按住练习者肘关节，向下施力震压。要求练习者塌腰、挺胸、低头。

方法4：练习者俯卧于地面，两臂伸直。同伴立于练习者两腿间，单脚踩住练习者两肩的中部，两手握住练习者双手，然后向上微微拉起。要求练习者不屈肘。

④腰韧带。方法1：练习者仰卧于地面，两手反向撑地，身体离开地面呈拱桥状。方法2：练习者俯卧于地面，两手撑地，两臂伸直，抬头挺胸。

⑤髋部韧带。方法1：两腿呈弓步，前腿膝关节以下着地，后腿尽量后移，上体立直，一手扶膝，一手抵住后髋，微微用力向下震压髋部。方法2：练习者坐于地面上，屈膝，两脚掌相对，两脚尽量靠近髋部，两手握住脚尖，用双肘轻压腿内侧，使其靠近地板，或者上体前俯，身体尽量贴近两脚。

⑥竖叉。两腿前后分开呈一条直线，上体正直，绷脚尖，前腿脚跟着地，后腿脚背着地，或者前腿呈屈膝跪坐，后腿脚背着地。

（二）肌肉群训练

通常采用的器械有哑铃、杠铃、曲柄杠铃、拉力器、胶皮带等。女子在练习时，可采用较轻的器械。

1. 上肢肌群

（1）肩部肌群练习方法

肩部肌群主要由三角肌和斜方肌构成。

①推举。动作要领：练习者将横杠提至锁骨上，两手掌向上托住横杠，然后用力垂直向上推起，直至两臂伸直；或双手持哑铃于两肩外侧，掌心相对，而后将哑铃垂直向上举起，直至两臂伸直。哑铃推举时，练习者也可加上手腕外旋动作。

动作要点：练习者上体始终要保持挺胸、收腹、紧腰；双手举至头上稍停后，再缓慢放下。

②前平举。动作要领：练习者两脚开立同肩宽，两手正握杠铃或哑铃，两臂自然垂于体侧；以肩部肌群的收缩力将杠铃或哑铃直臂提举至体前，与肩同高；静止片刻后，缓慢下落还原。

动作要点：练习者上体始终要保持挺胸、收腹、紧腰，不得前后晃动。

③侧平举。动作要领：练习者两脚开立同肩宽，两手各持一个哑铃于体侧或体前，拳眼朝前。吸气时，两臂向两侧上方提哑铃，至侧平举；呼气时，用肩部肌力控制两臂缓慢下放至还原。

动作要点：练习者两臂向上提举时，一定要超过肩或与肩同高，并位于肩前（不要向身后方向举起）。

④俯卧侧平举。练习者两脚开立略比肩宽，双腿稍屈，上体前屈，使躯干与地面平行，两手各持一个哑铃下垂于体侧。吸气时，持哑铃由身体两侧向上提起，手臂尽量举过水平位置，至极限时稍停；呼气时，用肩部肌力控制两臂缓慢下放至还原。

⑤握哑铃耸肩。动作要领：练习者手握哑铃自然站立，吸气时用力慢慢地耸肩，呼气时再慢慢还原。

动作要点：哑铃的位置不同，所产生的效果也不一样。横握练习对斜方肌有效；握放在大腿前练习对斜方肌后部有效。无论做何种耸肩锻炼，都应该有向后拉的意识。练习者的肩膀不可太放松，以免造成不必要的伤害。

（2）臂部肌群练习方法

臂部肌群主要由上臂的肱二头肌、肱三头肌、肱肌和前臂的肱桡肌、桡侧腕屈（伸）肌、尺侧腕屈肌及掌长肌等组成。

①弯举（持杠铃、哑铃、拉力器、胶皮带等均可）。动作要领：练习者前臂向内弯曲，上臂与前臂的夹角保持在50~60度。动作要点：练习者以肘关节为轴，上臂固定，拳心转向正前方。

②引体向上。练习者两手相靠反握杠，两臂伸直呈悬垂姿势，两臂用力，身体上引，下颌过杠。

③臂屈伸（可站立、正坐、仰卧、俯立练习）。动作要领：练习者两臂弯曲而后伸直。动作要点：练习者动作宜平稳缓慢。

④屈膝俯卧撑（徒手练习）。练习者俯卧，两臂伸直撑地同肩宽；抬两小腿交叉脚踝，两膝着地，慢降胸部接近地面再撑直恢复原状。

⑤直腿后撑（徒手练习）。练习者两脚并拢伸直，双手向后撑于一固定长凳或平面（高度约 50 厘米），缓慢下降身体至与肘关节呈直角，脚后跟着地并且和腿尽量呈一条直线，然后抬起恢复至起始状态。

2. 下肢肌群

（1）臀部肌群练习方法

臀部肌群主要由臀大肌、臀中肌和臀小肌组成。

①直腿后举。动作要领：直腿后上举，保持片刻，然后缓慢下放还原，两腿交替进行。动作要点：练习者练习时绷脚尖，脚尖朝向不同，所练肌群也不同。

②半蹲（负重或徒手）。动作要领：练习者两脚开立同肩宽，挺胸收腹；缓慢屈膝下蹲至大腿与地面平行，保持片刻，然后起立还原。

动作要点：练习者根据所负重量或停留时间决定练习强度。

③跪撑后举。练习者跪撑于地，挺胸收腹，目视前方，一腿后举，保持片刻，然后缓慢还原，两腿交替进行。

④俯式后举。练习者俯卧，以臀部肌群力量将单腿举离地面，保持片刻，然后缓慢放下还原。此动作也可双腿练习。

（2）腿部肌群练习方法

腿部肌肉群主要由大腿前侧的股四头肌、大腿后侧的股二头肌，以及小腿的三头肌组成。

①深蹲。动作要领：练习者两脚开立，徒手或双手持物于肩，挺胸拔背，目视前方；两腿屈膝下蹲至低于大腿水平线，静止片刻，然后缓慢起立还原。

动作要点：练习者在下蹲和起立的过程中，身体重心要保持在脚掌支撑面的同一垂线上。

②腿屈伸。坐姿腿屈伸：练习者坐在凳上，两腿屈膝，小腿下垂，用脚背钩住脚托滚或壶铃把柄；以股四头肌的力量使小腿上举至两腿伸直，然后缓慢放下还原。

俯卧小腿屈伸：练习者俯卧在长凳上，膝关节以下露出凳端；脚跟勾住脚托滚，以股二头肌的力量将小腿向上弯起至主练肌充分收缩，静止片刻，然后控制速度伸直还原。

③负重起踵。练习者两脚开立，前脚掌站在垫木上，双手持杠铃于颈后肩上。尽量起踵，静止片刻，然后脚跟缓慢落下，在将要触及地面时立即提起，避免顿足。

3. 腰腹肌

（1）转体

①负重转体。练习者两脚开立同肩宽，将杠铃置于颈后肩上，两手握紧横杠，拳心向前；两腿不动，以腰为轴，上体先向左侧转动90度，还原后再向右侧转动90度，两侧交替进行。

②俯立转体。练习者两脚开立略比肩宽，两手交叉放于背后或持铃片于颈后肩上，上体前屈与地面平行；上体先向左侧转动90度，还原后再向右侧转动90度，两侧交替进行。

（2）体侧屈

①负重体侧屈。练习者两脚开立同肩宽，体右侧屈，右手握住哑铃置于右膝外侧下部。在练习时，练习者的右腹外斜肌发力，将哑铃上提，左臂自然下垂。

②徒手体侧屈。练习者两脚开立同肩宽，体右侧屈，同时左手上举，向右侧伸。

（3）腿上举

①屈膝上举（可仰卧、坐或悬垂）。练习者两腿伸直并拢，而后双腿屈膝，将大腿贴近腹部，接着伸直还原。

②直腿上举（可仰卧、坐或悬垂）。动作要领（以仰卧为例）：练习者两腿伸直并拢，以腹肌的收缩力将双腿举至与地面垂直，再以腹肌的收缩力控制双腿，缓慢还原。

动作要点：练习者练习时臀部不要离开地面。

（4）仰卧起坐

练习者仰卧，双手抱头，两膝与地面垂直，然后收腹抬上体，尽量以额触膝，而后还原。

（5）转腿扭腰

练习者仰卧举腿与地面垂直，两臂侧平举，掌心向上；双腿向左侧落下并着地，同时上体向右扭腰，肩、臀紧贴地面，而后还原。

（6）俯卧抬上体

练习者俯卧，两臂上举或扶头后，腿由同伴或重物固定；将上体抬起，腿紧贴地面，然后还原。

4. 胸背肌

（1）胸部肌群练习方法

胸部肌群包括胸大肌、胸小肌、前锯肌、锁骨下肌和肋间外肌等。

①仰卧推举（卧推）。动作要领：练习者仰卧，两臂向上伸直，手持杠（哑）铃，缓慢屈肘使杠（哑）铃降至乳头附近，随即又向上推起直至两臂伸直。

动作要点：练习者两肘要外张并保持肘尖下垂。推起杠（哑）铃时，胸部要挺起，两肩要下沉。

②仰卧飞鸟。动作要领：练习者仰卧，两手心相对，持铃上举，臂伸直；两臂分别向两侧缓慢分开，再充分下降。

动作要点：飞鸟的动作关键是两肘弯曲的角度和用力点。当两臂屈肘张开至极限时，练习者的肘间夹角应保持在100～120度；持铃还原时，肘间夹角应保持在170度左右。在持铃下放和举起的过程中，整个胸廓必须始终保持挺起，尤其要做到"挺胸沉肩"，使用力点集中在胸大肌上。

③双杠上双臂屈伸。动作要领：练习者双手分别握住双杠，屈臂悬垂支撑，抬头向上引体，两臂推撑至两臂伸直。

动作要点：当上臂超过水平位置时，练习者的臀部逐渐后移，含胸收腹；向上推起时要快而高并呼气，下落要慢而低并吸气。

④扩胸练习（综合健身器）。练习者坐于器械椅上，两前臂靠托在活动臂上，两手握住把手，两上臂张开与肩齐平，肘部下垂；以胸部收缩力使两前臂向胸前夹拢。

⑤俯卧撑。动作要领：练习者俯卧，直臂支撑，两腿并拢、伸直以脚趾着地；两臂略向前倾；屈臂至背部，背部低于肘关节，随后伸直两臂还原。

动作要点：练习者身体下落和起来时要使两肩向前的运动轨迹呈弧形，同时保持胸部前挺。女子因力量不足练习时可先做跪姿俯卧撑、跪姿抬小腿俯卧撑或手高脚低俯卧撑。

（2）背部肌群练习方法

背部肌群主要包括背阔肌、斜方肌、大圆肌、小圆肌、冈下肌等。

①引体向上。练习者双手宽握横杠，两臂伸直，身体悬垂，腰臀部以下放松，两小腿伸直或交叉；吸气时，屈臂引体向上至下颌超过横杠（胸前引体向上）或颈后贴近横杠（颈后引体向上）；稍停后，边呼气边控制身体慢慢下降，直到双臂伸直还原。

②下拉。动作要领：练习者站立或坐下，两腿自然分开，两臂上举伸直，两手正握拉杠，肩关节放松；吸气，将拉杠垂直拉至颈后稍停；呼气，慢慢向上伸直双臂还原。

动作要点：在练习中，练习者改变抓握的位置可以产生不同的效果：宽握利于增强背阔肌宽度，窄握利于增加背阔肌厚度，同肩宽握对背阔肌腋下的部分改善效果明显。

③俯立挺身。动作要领：练习者两脚开立同肩宽，将杠铃或哑铃置于颈后肩上，两手握紧杠铃或哑铃；呼气时，以腰背肌的力量控制上体前屈与地面平行；吸气时，以腰背肌的收缩力抬起上体缓慢还原。此动作也可将腿固定，俯卧在凳上练习。

④屈肘上提。动作要领：练习者两腿分开站立，膝稍屈，上体前屈90度，两臂下垂，手握哑铃或杠铃，掌心向后；屈肘将器械上提至腹部，抬头并夹紧背部，然后缓慢还原。

⑤背部后屈。练习者俯卧，两臂伸直在体后五指交叉；上体和腿同时向上抬，两臂夹紧背部并后伸，仰头，然后还原。

二、高校姿态训练课

（一）表情姿态训练

表情是人的内在情感由面部肌肉的变化所表现出来的，是内在情感的外在表现。在日常生活中，人的表情千变万化，或欢喜，或愤怒，或愁哀，或惊惧……这些表情都是由面部不同肌肉收缩后牵拉皮肤造成面部产生的不同细微变化，借以表达人对外界环境或内心情感的反应和体验。它反映出了此时此刻人的心情和感受，对表达人的思想感情起到了关键作用。

1. 自然表情

自然表情是人们在日常生活中使用最多的面部表情。此时，人们的面部表情肌肉较松弛，呈自然状态，给人以安详、恬静、柔和的感觉。

（1）动作要领

人们的额肌稍收缩，使前额肌群上提，前额无皱纹；眉肌舒展，眉尖段稍上提；面部肌肉放松，面部两侧肌群大小对称，嘴唇微闭；目光和蔼、真挚。

（2）常出现的问题

由于人们受生活习惯及心理情绪的影响，在正常状态下，有的人面部会出现肌群不对称、过度频繁眨眼、瞪眼、紧锁眉头、嘴唇倾斜等问题。

（3）纠正方法

面部肌群不对称的问题，大多数是由单边咀嚼习惯造成的，故我们需要改变咀嚼习惯。

过度频繁眨眼问题，大多是由心理上的障碍造成的，我们需调整心态。

瞪眼、紧锁眉头、嘴唇倾斜等问题，大多是由长期的重复性动作造成肌肉的习惯性收缩而成的，故我们需反向练习。

2. 微笑表情

练习者的眼角和面部肌肉向上，面颊两侧肌肉向后上方收缩，嘴角两端对称地向侧上方翘起，唇微闭，尽量不露出牙齿。微笑时，动作要舒缓，面部肌肉要对称；目光要坦然、亲切、有神。

微笑表情的训练方法有以下3种：

（1）对镜练习

自己在镜子面前观察微笑表情的表现形式，寻找最佳的微笑状态。

（2）二人练习

彼此作为展现微笑的对象，且互相评议、相互提供帮助并矫正。

（3）想象练习

通过想象愉快的事情，自我进行心理调节，以便笑容自然流露。

（二）日常动作训练

1. 站姿训练

（1）靠墙站立

这是站姿的常规练习方法，其要求脚跟、小腿、臀、肩和头紧靠于墙，注意收腹、提气。

（2）顶物立

其要求同靠墙站姿，只是头上需要顶书或碗等物。此练习对纠正体态松弛、驼背等不良身体姿势有很好的帮助。

（3）对镜练习

其要求同靠墙站姿，此练习可更直观地观察和改善自身的站姿，便于纠正不良站姿。

2. 走姿训练

（1）摆臂练习

单（双）臂摆动时以肩为轴，肩部放松，前摆时手不宜超过身体中线，摆幅不宜过大，切忌向外摆动。

（2）步幅练习

①滚动步。体会出步方向、步幅大小及重心移动过程。动作要领如下：

收腹立腰，沉肩挺胸，两手叉腰，梗颈，紧臀。

前迈右脚，同时重心移动到右脚。

左脚前移至右脚的脚弓中间处，脚尖点地，膝关节正对前方。

②行走练习。沿直线按标准步幅缓慢行走。观察两脚落地是否在直线上，步幅是否均匀。动作要领如下：

上体保持正直，收腹立腰，沉肩挺胸，两手叉腰，梗颈，紧臀。

重心前移时注意身体姿势，应就势变化，切忌身体僵硬或出现前后左右晃动的情况。

③步频练习。步频练习是指按标准步频行走，感受行走的速度，可通过打节拍或按音乐节奏练习。动作要领如下：

男女步频标准可根据身高等自身条件适当调整。

男性步伐应表现出稳健、刚毅；女性步伐应表现出轻盈、优雅。

④对镜练习。通过对镜练习，练习者可以观察自己的全身姿态是否符合走姿标准。

⑤变向练习。在进行变向走姿训练时，练习者应先慢练，而后再用正常速度练习。

3. 坐姿训练

（1）入座

通过入座训练，练习者可以观察自己的动作是否轻盈、和缓、平稳，上体是否保持正直。

（2）离座

通过离座训练，练习者可以观察自己的起身是否轻缓，离座仪态是否得体。

第二节　高校形体训练的健美操训练

一、高校健美操训练内容设计依据

（一）健美操与形体训练的特点及二者之间的关系

1. 健美操的特点

健美操是一种新的体育形式，它融合了舞蹈、音乐、体操、艺术审美等多种功能，形成了独特的风格，具有较强的使用价值，受到了广大群众的欢迎。当前，健美操已被纳入我国的体育课程标准，成为高校体育教学的重要内容。为了使健美操理论基础研究更具有综合性和实践性，在综合他人的研究基础上，本书将简单介绍健美操的主要特点。

（1）集健身、健心、健美为一体

健美操是以运动生理学、人体解剖学和体育教育等课程的基础理论为基础，并在音乐的伴奏下达到强身健体目的的一项体育运动。健美操的姿势创作是按照人体的身体机能和解剖结构的适应性来设计和制作的，其姿势结构一般都是从上往下或从下往上、从内到外或从外到内、从整体到局部或从局部到整体的有序分布。其不仅要使人记忆深刻，也要符合身体律动的规律。需要注意的是，健美操的幅度和强度应该从小到大逐层递增，这样可以逐步改善学生体质，避免学生在训练健身姿势时造成亚急性损伤。另外，健美操的姿势编排大多是上下对称、左右对称的，这样能使人体的每个部位都得到充分的锻炼，从而具有平衡和谐的发展趋势。健美操是一种新型的有氧运动，长期运动可以避免身体的脂肪沉积，达到强身健体的目的。此外，它还是一项对人的身心有益的运动，它不仅可以塑造人的外在美，也可以培养人的内在美。

（2）强烈的韵律感和节奏感

作为有氧运动中的一种，健美操的动作铿锵有力、节奏鲜明。健美操的音乐具有节奏清晰、欢快的特点，这使得健美操姿势更具现代社会的独特韵律，可以缓解整个训练过程中的疲劳，使人的心情轻松愉快。

（3）广泛的群众性

健美操因具有适应群众的特点而深受人们的喜爱。在训练对象方面，健美操适合于不同性别、年龄的人群。在不同的训练标准和自然环境下，其技术要求是相同的，训练内容和负荷程度可根据自身情况进行选择和调整。因此，健美操可以在最大限度上满足不同群体的需求。健美操的动作主要有弹跳、跳跃、扭动、慢跑、蹲下和跳舞等，它能使人们的身体在不断地运动中消耗能量。同时，健美操是一项伴随音乐的高耗能运动，需要人们快速地移动身体，进而有助于促进人体的心血管健康，并在一定程度上达到强身健体的目的。

2. 形体训练的特点

形体是指人体结构的外部表现，主要包括体态、体型等。形体训练是有目的、有组织、有计划的教育过程，它以强化运动、塑造身材、发展品德、训练仪态为主要目的，训练方法主要以器械或徒手练习为主。形体训练与其他体育项目相比，其特点在于以下3个方面：

(1) 多样性

形体训练以社会心理学、人体解剖学、运动生理学、美学理论、运动训练学等理论为指导，具有多种科学的训练方法和原则。它能根据人的性别、年龄、体态、体格、训练目的而采取不同的训练方法。

(2) 表现力

在内容方面，形体训练主要是通过舞蹈动作表现出来的。在伴奏音乐声中，它展现了健身运动的艺术感染力和表现力，调动了人们训练的积极性，使训练更加愉快。

(3) 灵活性

形体训练既可以徒手练习，也可以依靠多种辅助设备。它的训练方式多样，可以是个人训练，也可以是集体训练，同时可以根据学生的性别、年龄、身体素质等，选择不同的场所和设备进行分散训练。形体训练不受设备、时间、地点的限制，只要锻炼者科学地、有计划地训练，就可以达到锻炼者想要的效果。

3. 健美操与形体训练的关系

健美操与形体训练是相辅相成的关系，练习者可以在形体训练的基础上更合理、更准确地进行健美操训练。练习者进行健美操训练，也可以锻炼自己的形体。虽然形体训练和健美操训练都是经过严格实践并认证的，但它们不能等同。健美操是在音乐的节奏下，进行各种不同难度系数的跳跃、转身等动作，此项目对锻炼者有很强的身体负荷，且节奏感强，有利于增强锻炼者的体质、加强全身肌肉力量、提高骨关节的协调性和软开度、加强心肺功能和体力、提高身体的协调性等；形体训练对练习者的头部、颈部、胸部、腰部、臀部、膝盖、手臂、手、脚等都有详细的练习规定，它能辅助练习者在进行健美操训练时矫正肩、胸、腿的不良动作，使人体笔直、高大，从而以健康的身体和优雅的姿势进行健美操训练。形体训练的内容自始至终都是围绕健美项目的技术性展开的。因此，垫上、把杆、转体、波浪等身体技能训练在辅助学生进行健美操训练的同时，对脚感、柔韧性和落地技巧的训练也有很好的促进作用。

(二) 高校健美操训练的特点

1. 普通高校学生的身心特点

现阶段，我国普通高校均已开设健美操班，学生可根据课堂教学指导和训练来锻炼和改善自己的体态。健美操训练对学生的生理和心理都具有积极作用，我们可以从以下2个方面进行分析。

第一，从生理学层面分析，普通高校学生的年龄结构在18～22岁，这一阶段是人体结构发生变化的关键阶段。人体骨骼和全身肌肉都发生了变化，骨骼和关节的灵活性和协调性降低，女性脂肪组织逐渐沉积，男性肌肉体积逐渐增大。这一时期也是普通高校学生接受身体训练的最佳阶段。但是，由于参加健美操课的学生的基本能力是不同的，个体的体质和身体素质存在一定的差异，大多数学生基本没有接触过健美操或形体类项目的学习，所以教师经常会发现学生手臂的屈伸姿势不正确、全身肌肉的姿势线条和方向无法准确把握，甚至站姿都存在问题。比如，大部分女生存在夹肩、含胸驼背等不良姿势。虽然在相对有限的健美操课上，学生可以加强锻炼，还可以纠正形体问题，但是需要注意的是，只通过有限的健美操课堂是不能达到预期效果的，必须在健美操训练中，适量加入形体练习，才能进一步锻炼身体。

第二，对于成年了的大学生来说，他们都希望拥有美好的体格、良好的体形，并期望自己的身体健康。大学生的心理活动是非常丰富的，其中以不稳定因素为主，新事物容易引起他们的兴趣。他们更倾向在健美操的课堂教学中接触动感强、节奏快的动作。大多数大学生体育素质较差，主要表现为耐力、力量、协调性、柔韧性较差，而且是初次接触健美操训练，对健美操的认识和姿势的掌握是短期的，需要通过反复的训练才能真正掌握。因而，学生在反复练习各种基础动作时，往往会因学习效率低而变得不耐烦，甚至放弃。因此，对于一些模仿能力和协调能力较差的学生，教师应适当增加一些形体训练，以促进训练水平的提高。另外，在形体训练的过程中，学生的综合能力、思维分析能力、自主能力也会有所提高。

2. 高等学校健美操训练的特点

就普通高校健美操的训练而言，我国绝大多数高校选择以健美操的基本动作为训练内容，且多以技术性训练为主，其大部分授课内容也是根据体育院校训练内容改编而成的，所以对于普通高校的学生并没有很强的目的性。另外，学生对健美操音乐的选择、欣赏、比赛方式、标准等相关专业知识知之甚少，因而忽视了健美操基础理论的训练，这并不利于培养学生的健美操能力。因为它仅仅是以技术为主导的内容，仅仅是完成课程的目标，课程内容相对单一、枯燥，缺乏引入新的时尚元素，不利于学生综合能力的培养。大多数大学不能把理论和实践有机结合起来，训练水平还比较低。

从普通高校的健美操训练模式来看，大学生的生理机能正处于发育的高峰期。他们思维敏捷、精力充沛、学识渊博。在实际训练中，由于长期受到传统课堂教学理念的影响，大部分学校过于强调教师的主导作用，而忽视了学生的主体作用，使学生处于被动状态。在高校健美操训练中，教师以讲解、示范、重复姿势、纠正为主而缺乏将健美操的训练方法与体育文化系技术性训练类专业健美操训练法区别开来。

3. 大学生健美操训练的特点

高校健美操训练的科学研究大多集中在地面练习、把杆练习，以及基本脚位和手位的基础舞步练习。

在内容的选择上，普通高校主要参考了传统的身体训练方法，其所使用的脚位、手位、把杆等动作大部分源于芭蕾舞蹈的基础动作。高校健美操的形体训练侧重于足部柔韧性和全面性的能力素养训练，以提升学生的形体与肢体感觉，但动作较为陈旧，缺乏时代气息。比如，把杆训练缺少手臂和身体的感觉，脚位、手位训练过于专注于专业技能，简单而无聊，训练也不全面，不利于新时代学生的身心发展。

形体训练的效果是多样的，对普通高校学生进行健美操形体训练，应采取不同的方法。一般高校健美操训练中的形体训练内容，大多以体育院校的训练内容为参照物。虽然大学生可以学习健美操的基本动作，但这并未充分考虑到普通高校学生与体育院校学生之间的差异，体育专业学生的学习方法不一定适合普通高校学生。体育院校形体训练多为竞技性动作，其内容并不适用于普通高校的学生，内容的针对性和有效性较差。另外，过分强调专业技能，没有充分考虑普通高校学生与体育院校学生在心理状态、生理、健身锻炼需求等方面的基本差异，往往会影响普通高校学生的学习积极性。

（三）健美操训练在健美操课堂教学中的作用

1. 提高学生的积极性

在健美操训练过程中，教师应该将形体训练与其相结合，以提升学生学习的主动性。普通高校学生体质参差不齐，大部分学生不知道如何表达自己的体形美。在健美操的训练过程中，学生对于健美操的学习往往只是注重动作的技巧，很难保证动作的正确性，这会给学生带来负面情绪。形体训练的动作应该尽量大气、简单，这样学生才能更容易接受。普通高校大学生大多数喜欢时尚一些的动作和音乐。在时尚、动感的伴奏音乐下进行训练，更符合普通高校大学生的审美需求。对于动作不协调、姿势模仿能力较差的学生，在健美操训练中交叉进行形体训练，既可以活跃课堂气氛，还可以激发学生的训练积极性。

2. 提高学生的基本身体素质

健美操形体训练是一种在中等抗压强度条件下、在歌曲的伴奏下，着眼于学生各种塑身需要和健美操的技术特点，进行的连续、长时间的训练。通过健美操形体训练，学生可以增加呼吸道的氧气交换频率，增加肺活量、通气量，从而增强自身的有氧耐力。在形体训练过程中，学生的颈部、肩部、四肢得以融合，得以发生有静态有动态、有快有慢、有方向的变化。健美操形体训练锻炼了学生身体的协调性，也增强了学生的逻辑思维能力。

形体训练还可以提高受训者的身体肌肉能量和人体柔韧性。它主要通过各种腿部肌肉的运动来塑造线条，利用腿部控制、垂直旋转等动作训练学生的足部控制能力和平衡能力。所以，在健美操中，形体训练不仅可以提高学生的基本身体素质，还可以为竞技健美操训练打下坚实的基础。

3. 增加健美操课堂色彩

热身运动包括一般的热身运动和专业热身运动。健美操课程由于场地的限制和课程本身的要求，其课堂教学大部分是在室内进行的。传统的普通健美操课堂教学，使用的热身运动只是抬腿、压杠、劈叉，以及简单的脚位训练，这些都是按照体育院校标准进行的热身运动。这种具有专业性、竞技性的热身运动通常并不适合普通高校学生的心理和生理状态特征。

普通高校的健美操是健身性的健美操，这种健美操是一种中小型抗压、长期、全身的有氧运动。它主要训练学生骨骼和关节之间的协调能力，锻炼全身肌肉。因此，在健美操训练中，其形体训练的动作应该以简单大气为主，应符合由浅入深、抗压适中的标准。在健美操训练前，学生应该做好充分的准备活动。热身运动可以帮助身体为更剧烈的活动做好准备，并使锻炼更容易。一些热身运动最重要的好处包括：增加身体灵活性、降低受伤风险、帮助学生放松肌肉、更充分地活动关节、减少肌肉紧张和疼痛。

（四）健美操形体训练内容选择的原则

1. 由浅到深原则

针对大学生的自身特点，为了让学生尽快掌握课程内容、不易因接受大的抗压强度训练造成膝关节损伤，高校在形体训练内容的编排、教学方法、动作强度、节奏上，应遵循"由浅到深"的原则。普通高校的学生不像体育学院的学生那样接受过专业的体能训练。如果一开始就接受过大的抗压强度训练，这会给学生的身体造成过大的负荷，导致身体疲惫，并对接下来的健美操训练造成较大的影响。

在健美操的训练过程中，一开始教师不应该让学生进行复杂的姿势训练。对于缺乏这些方面训练的普通大学生来说，他们无法通过初级的学习和短暂训练学会姿势，甚至有可能复杂的姿势训练会给他们带来伤害。学生的自学能力对于教学效果的影响是十分大的。因此，在设计健美操动作的过程中，普通高校教师要遵循由浅到深的原则。比如，力度要从小到大、节奏要先慢后快、姿势要从简单到复杂，这样才能使每一个技术姿势都为下一个姿势奠定基础。

2. 科学合理性原则

在姿势的具体编排中，普通高校教师应该遵循均衡性和对称性的发展理念，使受训者的每一个骨骼和关节都能得到充分的锻炼，避免全身肌肉或骨关节只有一部分能得到锻炼，而另一部分不能得到锻炼的状况。还要遵循科学合理性原则，因为人的身体在不同的运动环节会表现出不同的生理特征。从难度上看，姿势的具体编排需要符合普通高校学生的生理特点。对于这些没有接受基础体育教育的学生来说，健美操训练是很有必要的。其设计方案的整体难度不应该很大，应该以大气简洁的姿势为主，在节奏感和方便记忆上应表现出一定的规律性。另外，普通高校的健美操课堂教学在正常情况下一节课大约为90分钟。形体训练是一种全身有氧运动训练，在课堂教学中，要有一定的抗压强度。对于没有经历过专业体育锻炼的普通高校学生来说，身体的肌肉、骨骼、关节、肌腱等都有一定的负荷。因此，在健美操身体训练设计方案中，普通高校教师应该根据大学生运动的特点及其抗压能力，设计强度标准适中，时间安排上有15~20分钟的热身准备，这样在进行健美操训练时，学生的身体就有了一个充分的预热阶段。热身运动之所以要提前准备，是因为这样不容易因为突然进行有抗压强度的有氧运动而引起关节扭伤和全身肌肉拉伤。

3. 针对性原则

所有健美操类的身体动作的设计都必须针对健美操的特点。每一个健美操式的身体动作，以及每一个环节、每一个姿势的设计方案，普通高校教师都要根据健美操的动作特点来辅助学生学习，帮助他们深入了解体型训练的准备情况。所有健美操类动作的内容编排也需要充分考虑学生的基本身体素质，根据学生在训练时遇到的一些问题，设计专业的姿势来应对这一问题。健美操的难度的大小、抗压强度的大小、节奏的快慢要符合普通高校学生的接受度，歌曲的选择和剪辑方式也要符合普通高校学生的特点。

4. 创新性原则

从宏观的角度来看，健美操这项科学研究的重点目标和日常任务是针对现阶段普通高校健美操训练的。目前我国学者对健美操训练内容的设置缺乏深入的科学研究，对健美操训练内容的结构问题也只有较少的研究。因此，我们应该对高校健美操训练内容的设置和结构进行系统的科学研究。普通高校教师应该调整创作理念、优化训练内容、构建理论框架，这样才能填补当前学界对健美操基础理论讨论的空白，有助于提高健美操训练基础理论的规范化和专业化。学校健美操训练还应该增加一些新的元素，这对今后健美操训练的理论基础有一定的借鉴意义。

从微观的角度来看，针对普通高校学生的特点，应引入各种流行元素的设计风格、开创多种实用的健美操训练方法。例如，在把杆训练中，高校教师可以选择离把的杆子独立训练，这样可以为学生或学生团队提供自助和互助训练；在垫形训练元素中教师可以加入瑜伽舞韵；将新健美项目中跳跃、转身的技术姿势与民族舞蹈等元素相结合，这样健美操的训练在内容和方法上都有自主创新。

（五）健美操形体训练内容设计应注意的问题

1. 健美操形体内容设计源于健美操技术特点

健美操以运动健身为目的，以人体解剖学、运动生理学、体育教育等课程的基础理论为基础编辑而成，具有独特的时代气息和艺术表现力。一方面，健美操是一种在歌曲的伴奏下进行的身体训练，它具有独特的现代韵律。这种节奏感依赖于练习者在有氧运动训练中的弹力技巧。因此，在健美操中，脚踝、膝盖和臀部是训练的关键部分。学生在进行韧性技术训练时，对足部骨关节和肌腱的协调能力的训练尤为重要。在训练骨关节协调能力和肌腱软开度的同时，高校健美操教师还需要增加对学生小腿和脚后跟的力量训练，提高学生在有氧运动中的跳跃能力，这样可以避免学生膝盖受伤。然后，结合深蹲、提膝、踢腿、控腿、提腿等动作进行大腿内侧肌肉训练，这样不仅提高了学生双脚的柔韧性，还对他们的腿部线条具有美化作用。另一方面，健美操也表现出一种艺术感。这种形体艺术要求普通高校学生具有一定的腿部感觉，同时还要有颈、身、胸、腰、臂的协调。因此，在健美操的身体训练设计方案中，普通高校教师要充分考虑人体方位的变化，身体各个部位的运动以及颈部、手臂姿势的融合和各种舞步教学训练。健美操身体训练包括5个部分：杠铃身体训练设计方案、垫上身体训练设计方案、波浪动作设计方案、爵士舞成套设备设计方案、旋转弹跳成套设备设计方案。在健美操形体训练方法的选择上，普通高校教师应该考虑到该方法的各个要点和规则，并结合健美操的各种技术特点进行训练。

2. 充分结合普通高校学生的特点

对于刚进入普通高校的学生来说，其体育素养基本偏弱，主要表现为精力、体力、柔韧性较差。他们大多是第一次接触健美操训练。在形体塑造过程中，普通高校教师要提高对学生综合能力的培养。从抗压强度的角度来看，所有的热身训练都是为健美操训练的基础部分做准备。因此，不仅要充分考虑学生的特点，还要结合训练的特点。抗压强度不宜过大，以便为接下来的健美操训练做好充分的准备。虽然大学生容易接受新事物，心理状态也非常活跃，但是他们很难坚持对一个姿势进行反复训练，甚至时间久了会产生厌烦心理，导致实际效果并不理想。因此，在健美操身体训练的动作编排上，普通高校教师必须有自主创新意识。在内容设计上，普通高校教师要根据学生生理、心理的特点来设计练习内容。同时，普通高校教师还要注重课堂的氛围，积极培养学生的自学能力，提高训练水平。

3. 引入新的流行因素

在普通高校的健美操总人数较多的情况下，不可能保证每个学生都能进行扶杆训练，因此在健美操训练内容设计上应引入新的流行元素。例如，利用瑜伽姿势的后弯和扭转来平衡脊柱、骨盆和髋关节。瑜伽动作的训练不仅可以提高练习者的柔韧性、促进血液循环和淋巴结的畅通，还可以增强练习者的抵抗力。垫上身体训练也摆脱了过去简单的力量和柔韧性训练，添加了符合当今时尚的瑜伽舞韵元素，再配合良好的音乐节奏，对练习者的学习主动性起到了较好的激发作用。这些身体练习被用来塑造形体和展现旺盛的生命力，它是一种身心练习，对身体姿势、呼吸系统和冥想或放松都有一定的好处。

现代瑜伽注重锻炼、力量、敏捷和呼吸，其可以增进身心健康。练习瑜伽有助于练习者形成优良的美德和良好的价值观，如守纪、诚实、奉献、自我探究等，让练习者能够有意识地选择更健康、更充实的生活。

再如，自从爵士乐进入流行音乐后，其创作的舞蹈风格得到了推动。其创作的舞蹈风格不仅遵循了爵士乐的现代节奏、声音和技术，还极大地促进了个性意识、自发地舞蹈、自由流动的舞蹈和舞者技能的展示。随着爵士乐的流行，舞者创作了高度的即兴技巧，这种技巧早在19世纪就在非裔美国人社区特别流行。然而，爵士乐及其伴随的舞蹈技术的流行是在第一次世界大战后才出现的，当时的声音广播技术使整个美国更容易分享音乐。爵士乐的起源可以追溯到非洲奴隶到达中美洲和北美洲海岸的最初几年。他们带来的舞蹈和音乐比欧洲移民带到北美的传统舞蹈及音乐更加自由、更具实验性和即兴性。这些以节奏为基础的部落舞蹈有一个特点,即被历史学家和音乐专家描述为几乎"像谈话一样"的品质,其中舞者和音乐演奏者相互呼应,创造出自由流动的音乐,让观赏者完全着迷。

传统的爵士舞步源自历史上的黑人社交舞。这些舞步包括重量转移和高度提升,结合了典型的身体姿势和手臂姿势。这些年来,爵士舞步以各种形式和风格在世界范围内流行,最新的形式包括摇摆舞、布吉舞、黑底舞和查尔斯顿舞。这些舞蹈在学校里很盛行,现在仍然是音乐剧编舞的一个重要部分。

爵士舞步利用身体的起伏、摇晃、扭动来表达内心的感受,就像人们听到一首喜欢的歌曲一样,可以自然地表达出内心的情绪。在健美操形体训练中引入现代瑜伽和爵士舞元素,不仅增强了学生的兴趣和爱好,也增强了学生对音乐节拍的感知。

二、高校健美操形体训练内容的设计

(一)高校健美操形体训练的音乐选配

健美操是身体有节奏的健身运动,是一项集体操之健康、民族舞蹈之美、歌之韵律于一体的体育运动。健美操里的歌曲被视为健美操的生命,它是由节奏、调节等组成的听觉系统的艺术,对身体的节奏和人的情绪转化具有直接的作用。除此之外,它还控制健美操的速度和幅度,调节健美操的节奏和气氛。因为健美操的姿势有很强的节奏感,主要是通过音乐进行表现的。因此,与体操相比,健美操的歌曲更注重节奏感,它的节奏感更加独特有力,气氛更加优雅热烈。健美操的歌曲大多采用摇滚、迪斯科、爵士乐等给人以强烈冲击力的现代音乐,加上快速、有力、有节奏、有韧性的肢体动作,使得健美操体现出强烈的节奏感。因此,健美操形体训练中的歌曲要根据动作内容来选择,让姿势和歌曲有一种唇齿相依的艺术美感。音乐是健美操身体训练的生命,其节奏必须符合标准,健美操身体训练的节奏、抗压强度的大小、设计风格等都必须根据音乐进行选择,要使两者有机地融合,给人一种和谐统一的艺术美感。此外,把杆形体训练的关键是对脚的训练,其要求练习者上半身挺直,脚步动作干净利落,训练中的歌曲要短促欢快、节奏感强。与把杆形体训练相比,垫上形体训练包含了瑜伽和健身的元素,在选曲上,练习者的心态和身姿要与伴奏曲相协调。波浪形体训练的力量不像垫上形体训练有力、刚劲,而是柔软地发力。因此,歌曲要优美而连贯,要充分突出姿势的核心和实质。转跳成套动作训练,主要是训练学生的平衡技术、落地技术和弹跳技术，因此音乐应节奏感更强、更独特、更动听，这样才能使学生尽快进入培训状态。

（二）高校健美操形体训练类型

1. 形体把杆训练

（1）形体把杆练习的依据

健美操形体把杆训练内容的构成主要结合了新健美项目的特点、体质特点和普通高校学生的特点。从健美操的运动技术来看，它的姿势力量强，是在快节奏的情况下进行弹跳、转身、伸展和屈曲、打开臀部等各种姿势，所以在健美操中，它对练习者腿部的规定似乎更加严格，主要体现在大腿肌肉的力量、骨骼和关节的协调能力以及肌腱的软张开度上。例如，体型的调节、美好的体验和对音乐节奏的把握。人们常说，在健美操中"三分手来七分脚"，这说明了健美操对学生腿部的训练十分必要。正因为如此，在学生时代缺乏健美操和体能训练的普通练习者，在普通高校的健美操训练中，更需要进行形体把杆训练，而且形体把杆训练是健美操训练中不可缺少的一部分。

（2）形体把杆训练的目的

形体把杆训练的关键是对练习者脚部的训练，在整套形体把杆训练中，每个部位都能得到相应的练习。

在健美操中，膝关节有着至关重要的作用。在普通高校中，由于大部分学生缺乏基本的健身运动，人体各个部位的机能较弱，膝关节周围的肌肉力量、肌腱和膝关节的协调能力较差。前、侧、后搓地，圆形垂直旋转和重心的移动是脚踝训练的关键。膝关节的训练不仅锻炼了练习者膝关节周围的全身肌肉力量，还锻炼了练习者脚底的感觉，打造了小腿线条，增强了小腿的全身肌肉力量，让腿部肌肉更强壮。

弹力技术是健美操的关键技术之一，体现了膝盖骨的协调性和大腿内侧肌肉释放压力的协调性。大部分健美操动作由跳跃和转身的姿势组成。通过膝盖弹力技术训练，学生将在健美操的技术姿势和人体落地姿势的全过程中得到一个缓冲，避免因脚快速接触地面而造成一系列急性损伤。另外，教师编排下蹲、踢腿、提膝等技术姿势，可以塑造学生挺拔的身姿、优美的大腿根部线条，同时保持学生脚底和膝关节的可塑性和节奏感。从创编技术来看，在改变方向的情况下，位置的变动和室内空间的变换可以使训练对练习者来说更加有趣。

在强调各种难度系数和技巧的新型运动健美操项目中，人体的腿部发挥了关键作用。腿部运动包括腿部控制、小腿抬高和大腿抬高等，它不仅锻炼了腿部的控制力，而且可以在表演健美操姿势技术的整个过程中对位置有更强的把握。这些训练既能够使人高标准地完成运动，还能不断塑造腿部线条，锻炼腿的爆发力和柔韧度，为更好地完成竞技健美操做准备。此外，足部的综合训练不仅提高了学生的平衡性和稳定性，还提高了学生的灵活性和把握歌曲的能力。它是训练学生腿部和使学生掌握节奏感的关键方法，为以后的健美操训练打下了很好的基础。

（3）形体把杆训练的创新点

形体把杆训练的内容和方法是自主创新的关键点。传统的身体练习以芭蕾训练为主，受训者用搓地、画圈、下蹲、抬腿等相对单一的技术动作来进行脚感训练，并达到了一定的效果。但是，这种练习看起来有点简单，没有自主创新，主要是注重脚步的训练。传统形体把杆训练虽然功底深厚，但它与普通高校的训练无异，没有考虑学生的基本特征，对普通高校健美操训练有一定的局限性，导致学生盲目跟风形体把杆训练方式，对健美操的认识不够。健美操形体把杆训练不仅消化吸收了传统形体把杆训练的精髓，而且对传统形体把杆训练进行了改进。改进后的形体把杆训练不仅增强了手臂与人体朝向的协调性，还改变了节奏，具有整体性，对于健美操训练行为主体的学习和训练具有事半功倍的实际效果。

2. 垫上形体训练

（1）垫上形体训练的依据

在普通高校的训练中，使用体操垫作为学生的体能训练设备已经成为一种常见的训练方式。它不仅锻炼了学生的骨骼和关节的协调能力、灵活性和软开度，也可以让学生掌握体能素质的训练方法。随着形体训练的广泛应用以及普通高校学生自我感知能力的提高，这种垫上形体训练正日益体现出它的局限性，即通过简单的踢腿、压腿等方式来训练学生的柔韧性，将难以满足学生的身体锻炼需要。

健身瑜伽一般是在恒温室内进行的全身锻炼，它可以锻炼长而瘦的肌肉、燃烧脂肪、增强心脏力量。瑜伽是练习者在地板上长时间保持拉伸姿势来延长和释放全身肌肉和筋膜之间的深层结缔组织的一种运动。很多学校都开设了瑜伽选修课，尤其是以俱乐部的方式开设的瑜伽健身课程很受学生的欢迎。将瑜伽健身、民族舞蹈等元素融入垫子形体训练中，能产生瑜伽舞韵设计风格。有瑜伽舞韵设计风格的垫上训练，不仅提高了学生肌腱的软开度和骨关节的协调性，也让学生体验到身体被拉伸的美好感觉，丰富了学生的内心世界。因此，垫上形体训练是普通高校健美操训练中体能训练的一个很好的选择。

（2）垫上形体训练的目的

健美操是一种以歌曲相互配合为基础的中低抗压强度的健美运动。它以身体为人体健身运动管理中心，以7个基本步骤为基础，配合四肢进行各种活动。它包括跑步、跳跃、转身、踢腿等一系列足部健身运动，一般速度较快，抗压强度较大。瑜伽健身以尊重身心自然、统一为核心理念，配合各种呼吸训练、体位和概念冥想训练，达到身心融合的目的，并且它通过各种姿势训练可以提高学生的灵活性和平衡能力。

垫上形体训练的躯干训练，不仅锻炼了练习者肩关节脱位的协调能力，还提高了练习者腹部的柔韧性，使练习者在整个有氧训练过程中体态更加优美。在坐姿的膝盖骨训练中，垫上形体训练能对受训者的双脚、膝关节、脚底进行训练。

健美操对练习者的脚部要求非常高，尤其是脚部的柔韧性。因此，双脚的柔韧性是垫上体能训练的重要组成部分，主要体现在交叉练习和大腿内侧肌肉的协调能力及肌腱的张力水平上。因此，垫上训练的分体训练、横断面训练、抬腿训练都能很好地为接下来的有氧运动训练做准备。此外，瑜伽健身姿势的重复频率应较高或时间较长，这样可以保证训练时，人体的特殊部位和全身肌肉都得到锻炼。

（3）垫上形体训练的创新点

从普通高校传统的垫上身体训练来看，大部分学生采用简单的站立姿势进行柔韧性训练，有正侧推、水平前倾、侧踢、侧膝跪姿等。从内容编排来看，新健美操项目的创新不仅仅体现在脚的柔韧性训练上，对于腹部和肩关节的错位也有相应的规定，良好的肩关节协调能力可以使学生的姿势更加大气、舒展，使学生腰椎姿态优美，使学生在竞技健美操中收获更多的成果，因而，传统的坐姿训练存在一定的局限性。

从独立瑜伽健身姿势训练的角度来看，学生很难有耐心重新训练瑜伽姿势，在瑜伽训练的时候也感觉不到身体呼气和吸气的感觉，这很容易导致学生缺乏自学能力。因此，瑜伽健身需要与民族舞蹈元素紧密结合以产生瑜伽舞韵，从而使身体和手臂变换、室内空间和方位变换、民间舞蹈元素交替应用。这会从根本上提高学生身体的柔韧性和协调性，也会增强学生的学习兴趣，对于学生的身体感受更为全面。

3.波浪形体训练

（1）波浪形体训练的基础

健美操是一种结合各种民族舞蹈元素和歌曲，进行的长期、中低抗压减肥的有氧运动。它按照人体全面发展的规定，充分展现身体的健康、魅力和造型艺术。

对于所有的训练项目来说，体质是基础，柔韧性、精力、体力才是开展有氧运动不可缺少的素质。其中，柔韧性是最复杂、最难的身体素质。健美操是一个对身体灵活性要求很高的运动，它的姿势很多，一瞬间的造型设计也很多，姿势节奏的变化也很多，这种不稳定性需要受训者的肌肉、骨骼、关节协调配合。灵活性是波浪形训练的基本特征，正是因为这个特征，健美操才更具艺术性。波浪形体训练很少是单个骨关节的主体活动，大多为多个骨关节同时进行的健身运动，如训练手臂波浪，手臂各关节按照顺序轻柔地做屈伸动作，从肩开始，肘、腕、指关节依次向下弯曲，再依次伸直。波浪形体训练的身姿结实圆润，充分锻炼了练习者的人体伸展和各骨关节肌腱的和谐配合，所有的姿势都非常流畅、迷人、有吸引力。因此，波浪形体训练主要以民族舞蹈为主，与脚步一起呈现。这是一种很好的锻炼身体对姿势的感知和人体协调能力的训练项目，波浪形体训练可以让练习者尽早地了解和学习健美操的姿势。

（2）波浪形体训练的目的

波浪形体训练包括3个部分的训练，即手臂波浪训练、躯干波浪训练和全身波浪训练。手臂波浪训练是依次对每个关节进行轻柔的伸展和屈曲，该动作从肩部发力，逐渐推动肘部、手腕和手指关节弯曲，然后舒张肘部、手腕和手指关节，在训练时手臂肌肉、骨骼、关节、肌腱需相互协调。

在手臂波浪训练的动作编排中，练习者可利用手臂波浪形体训练的构成，有效地感受手臂肌肉。在同一个地方做手臂波浪形体训练时，可以融入健美操中的下蹲、侧点等技术，以便让练习者在训练手臂姿势时不易感到乏味。同时，使他们将柔软的手臂部分和脚步融为一体，发展出不同的方向，在人体的不同部位画出弧线，从小到大，动作圆滑、连贯、舒展自如，充分感受到肢体的韵律。

躯干波浪训练是借助人体各种骨骼和关节的温和伸展和屈曲练习来进行的。在躯干波浪练习中，依次进行弯曲和屈伸，波峰自上而下，姿势连续柔和，力量强劲，同时兼顾身体重心的稳定性。做侧波时，要注意将重心移到一边，为此，膝盖、臀部、腰部、胸部和颈部需向上侧弓步，且幅度圆滑、动作协调。在躯干波浪设计中，需由小波向大波进行训练，以体会体感的渐变。

全身波浪训练是身体波浪纹的组合，如摆腿、抬腿、抬膝等。在进行全身波浪训练时，练习者的每个骨关节和身体肌肉都能得到舒展和放松，有利于练习者提高身体的柔韧性，增强肌肉力量、改善身体灵活性等。

（3）波浪形体训练的创新点

波浪形体训练创新的关键体现在力法上，波浪形体姿势主要以民间舞蹈的姿势呈现，其姿势设计风格柔和而有力。在做躯干波浪和手臂波浪训练时，需要练习者全身的每一个骨关节都必须协调配合。在训练健美操动作时，其姿势是铿锵而短暂的，需要练习者身体站立，保持腰部收紧，抬起头和胸部，并提起臀部。练习者往往需要远心端的发力，如在做侧举时，需用最好的方法和最短的时间完成侧举，使手臂呈一条平行线，肩膀向下移动，力达手指，无须配合身体的每一块骨头和关节。这是两种完全不同的使用波浪形身体训练的方法，因此，将这两种不同的训练方法相结合，在柔软中穿插刚劲，形成强烈的反差，可以培养练习者对健美操姿势的体验感和掌握健美操姿势中的发力方法。

4. 跳跃与转体训练

（1）跳跃与转体训练的基础

在竞技健美操运动中，具有难度系数的跳跃和转体姿势是全套竞技健美操姿势的关键组成部分。它是健美操练习者身体素质和身体长宽比均匀的主要体现，对赛事的胜利至关重要。现阶段，全球竞技健美操比赛日趋紧张和激烈，跳跃、转体等姿势的难度系数设计方案更加复杂和新颖，体现出了该项目的强大生命力。在《世界竞技健美操跳跃类难度动作研究》中，陈瑞琴指出，跳跃的难度系数和技术姿势可以大大提高整套健美操器械姿势的难度，而且，跳跃难度系数类型的关键技术姿势与跳跃类型密切相关，如弯腿跳跃、科萨克跳、团身跳等，得分也逐渐提高。在健美操健身训练中，跳跃不仅可以作为有难度系数的姿势出现，还可以让整套健美操姿势更加炫酷，其中室内空间及路面上的各种表面跳跃等都可以使整套健美操器械姿势更加有声有色。另外，在很多研究中，技术性的转体姿势也可以提高整套健美操的难度系数、改进转体姿势的设计方案、提高难度分数、改善整套健美操的艺术美感。同时，姿势的线条和方向的变化也更加自然流畅。

竞技健美操中的跳跃和转体姿势都是围绕着整套姿势展开的，从国际体操委员会健美操联合会每4年修订一次的时间标准来看，竞技健美操的难度系数在缓慢增加，对姿势要求也越来越高。许多规范的跳跃、转体等姿势会提高整套健美操姿势的表现力，是整套健美操姿势的重点。

（2）跳跃与转体训练的目的

落地技术和人体控制技术是健美操和健身运动最基本的技术，也是跳跃和转体姿势必须掌握的技术。落地技术的目的是使练习者的身体落地后保持稳定，当完成高难度技术姿势后，在接触地面时需将前足与后足接触地面的动作连接起来。同时，屈膝、屈髋，以减少落地时地面对腿部骨骼关节和全身肌肉的冲击，防止膝关节过度损伤。

健美操是一种具有中强抗压强度的有氧运动。在极强的音乐节拍条件下，落地技术和人体控制技术能在各种弹跳训练中充分发挥其关键作用。人体控制包括准备姿势控制、全程人体控制和完成姿势的人体控制3个部分。跳跃和转体与人体控制技术有着非常密切的联系。只有高宽比协调配合，才能让健美操的姿势更加优美精准。因此，针对大学生落地技术和人体控制技术进行的跳跃和转体姿势设计方案，不仅可以更好地贯彻课程内容，也为以后的竞技健美操训练打下坚实的基础。

（3）跳跃与转体训练的创新点

跳跃和转体的身体技巧主要表现在对民族舞元素的消化吸收以及与健美操姿势特点的紧密结合。在整个训练设计方案编辑过程中，简单大气的舞蹈以体能训练为主，非常容易让学生掌握。这也符合年轻人的心理特征。同时，跳跃和转体的姿势以身体技巧为中心，根据一些好学的舞蹈姿势，将跳跃和转体的技术结合起来，不易因连续跳跃或转弯而对人体造成疲劳和损伤，使训练更加顺畅，既达到了训练所需的目的，又展现了身体的自然节律。

参考文献

[1] 李玮琦、陈继鹏、高洁:《模特形体训练》,中国纺织出版社 2018 年版。

[2] 苏静:《戏剧形体表演》,延边大学出版社 2018 年版。

[3] 花楠:《运动与形体塑造》,中国书籍出版社 2018 年版。

[4] 王慧、王嘉嘉主编:《形象塑造与形体训练》,西南交通大学出版社 2020 年版。

[5] 胡新贞:《空乘形体与舞蹈训练》,北京工业大学出版社 2019 年版。

[6] 石犇:《健美操与体育舞蹈的形体训练研究》,吉林出版集团股份有限公司 2020 年版。

[7] 金春球主编:《形体与礼仪》,旅游教育出版社 2017 年版。

[8] 李书玲:《优雅人生,从形体礼仪开始》,吉林出版集团股份有限公司 2022 年版。

[9] 陈娟:《形体气质塑造》,东南大学出版社 2021 年版。

[10] 全国中等职业教育规划教材编审委员会组织编写:《形体训练》,南开大学出版社 2017 年版。

[11] 杨新、姚正大、俸定娟主编:《社交礼仪与形体训练》,中国轻工业出版社 2020 年版。

[12] [韩] 韩福丽主编:《形体训练实训教程》,黑龙江大学出版社 2019 年版。

[13] 侯丽丽、王敦丽主编:《形体训练与医护礼仪实训指导》,西南交通大学出版社 2019 年版。

[14] 董航:《形体训练与体育健身融合发展的探索》,吉林大学出版社 2019 年版。

[15] 李文川主编:《空乘形体训练》,中国民航出版社 2016 年版。

[16] [美] 斯蒂芬·旺:《心灵的杂技:形体训练表演课》,刘倩译,四川人民出版社 2020 年版。

[17] 高留红、张予南编著:《健美形体训练法》,金盾出版社 2013 年版。

[18] 薛淑好、梁华伟主编:《护理礼仪与形体训练》,河南科学技术出版社 2013 年版。

[19] 向虹云主编:《服装表演：形体训练》，上海大学出版社 2010 年版。

[20] 张自平主编:《公关礼仪与形体训练》，人民交通出版社 2004 年版。

[21] 张媛艳:《芭蕾舞对人的形体塑造与气质培养的作用研究》,《尚舞》2022 年第 15 期。

[22] 买凡瑞:《谈形体训练在健美操训练中的应用》,《文体用品与科技》2022 年第 12 期。

[23] 徐媛媛、余春红:《论职业礼仪和形体塑造融合教学的必要性与可行性》,《大众文艺》2022 年第 8 期。

[24] 徐媛媛:《理论课程与实践课程的融合教学研究：以〈职业礼仪〉与〈形体塑造〉为例》,《湖北开放职业学院学报》2022 年第 2 期。

[25] 薛贝贝、袁军:《形体训练对高校健美操教学效果的影响》,《冰雪体育创新研究》2021 年第 19 期。

[26] 麻巧合:《高校体育运动中有氧健身操对学生形体塑造的研究分析》,《文体用品与科技》2021 年第 11 期。

[27] 杨行:《形体训练中肢体造型与空间关系的研究》,《科技风》2021 年第 4 期。

[28] 张艺:《论人物形体在表演中的作用》,《流行色》2020 年第 3 期。

[29] 李辉:《形体训练在女大学生形体美塑造中的作用》,《读与写（教育教学刊）》2019 年第 11 期。

[30] 梁旦旦:《形体舞蹈对学生气质培养的重要性》,《国际公关》2019 年第 8 期。

[31] 陈江美:《空乘专业形体训练课教学改革途径》,《山西财经大学学报》2023 年第 S2 期。

[32] 鲁琳:《高职体育课程中形体训练的价值与对策分析》,《拳击与格斗》2023 年第 10 期。

[33] 王添:《价值·原则·应用：形体训练在高校健美操运动中实施的探究》,《当代体育科技》2023 年第 27 期。

[34] 杨博:《中国古典舞的身韵与神韵表现的美感形式》,《艺术家》2023 年第 8 期。

[35] 王欢、罗崇阳:《戏剧表演专业学生形体训练方法研究》,《明日风尚》2023 年第 16 期。

[36] 李媞:《高校形体舞蹈训练技巧与细节问题探讨》,《尚舞》2023 年第 15 期。

[37] 康译丹:《形体语言在话剧表演中的价值及应用》,《时代报告（奔流）》2023 年第 7 期。

[38] 刘婷文:《浅析大学生形体素质的重要性及发展研究》,《体育风尚》2023 年第 7 期。

[39] 付贝贝:《高校健美操教学和训练中的形体训练应用研究》,《当代体育科技》2023 年第 17 期。

[40] 武艺:《论影视表演专业形体课程构建》,《戏剧之家》2023 年第 13 期。

[41] 王锦、陈岐岳:《主持人形体训练课程建构初探》,《艺术教育》2023 年第 5 期。

[42] 张亚亚:《形体与舞蹈的科学训练研究》,《尚舞》2023 年第 9 期。

[43] 龚小丽:《高校航空服务艺术与管理专业课程教学研究：以南昌航空大学〈形体与舞蹈〉课程为例》,《江西教育》2023 年第 15 期。

[44] 赵健:《戏剧影视表演多元化训练方法的融合与创新》,《艺术评鉴》2023 年第 7 期。

[45] 叶园园:《形体训练在健美操教学中的重要性及教学策略》,《新体育》2023 年第 4 期。

[46] 李歆:《高校艺术体操形体教学课程改革初探》,《冰雪体育创新研究》2023 年第 3 期。

[47] 沙春莹:《京剧形体课程实践的基础理论研究》,《智力》2023 年第 2 期。

[48] 刘彤:《舞蹈形体训练分析》,《明日风尚》2022 年第 24 期。

[49] 周美辰:《形体与气息相结合训练研究：以中央戏剧学院表演系 20 级本科班教学为例》,《中国民族博览》2022 年第 22 期。

[50] 张颖:《大学形体训练中芭蕾与现代舞训练及其价值研究》,《大观（论坛）》2022 年第 11 期。

[51] 万月红:《体育训练中形体训练的方法探讨》,《当代体育科技》2022 年第 28 期。

[52] 丁雪卉:《舞蹈美育的功能及实现方式》,《百科知识》2022 年第 27 期。

[53] 隋颖:《高校瑜伽教学中融入形体训练的探讨》,《冰雪体育创新研究》2022 年第 17 期。

[54] 何华:《节奏训练在舞蹈表演中的作用思考》,《戏剧之家》2022 年第 24 期。

[55] 曹可环:《浅谈舞蹈在播音主持形体课中的重要性》,《尚舞》2022 年第 15 期。

[56] 姜羚:《校企合作模式下高职空乘专业形体教学改革探索》,《知识文库》2022 年第 13 期。

[57] 龚端悦:《非舞蹈专业形体舞蹈训练的作用探析》,《时代报告（奔流）》2022 年第 6 期。

[58] 汤海燕:《新时期大学生形体训练的作用及方法》,《文体用品与科技》2022 年第 12 期。

[59] 解冰冰:《高校形体舞蹈课程的改革模式研究》,《尚舞》2022 年第 11 期。

[60] 周诗然:《"行动"与"动作":"形体行动方法"理论解读》,《戏剧之家》2023 年第 15 期。

[61] 刘安然:《形体训练对普通高校大学生身心健康影响的实验研究》,阜阳师范大学 2023 年硕士学位论文。

[62] 周亚楠:《芭蕾形体训练在舞蹈啦啦操训练中的实验研究》,山西大学 2021 年硕士学位论文。

[63] 王扬扬:《形体训练对大学生上交叉综合征的干预研究》,河北师范大学 2020 年硕士学位论文。

[64] 王义为:《CrossFit 训练模式优化健美形体训练的实证研究》,华中师范大学 2021 年硕士学位论文。

[65] 唐丽芬:《核心稳定性训练对普通高校女生形体的影响》,湖南师范大学 2017 年硕士学位论文。

[66] 张海渤:《空乘专业形体训练课程实用性教学研究》,江西科技师范大学 2018 年硕士学位论文。

[67] 陈晓玫:《形体训练对服装表演专业学生身心特征变化的研究》,辽宁师范大学 2016 年硕士学位论文。

[68] 李清洁:《戏剧表演形体训练课程中教学思维及方法的对策研究》,哈尔滨师范大学 2015 年硕士学位论文。

[69] 张潇云:《电视播音与主持专业学生形体训练内容的教学改革探索》,成都体育学院 2014 年硕士学位论文。

[70] 李妍:《健美操把杆形体训练的内容设计》,湖南师范大学 2013 年硕士学位论文。

[71] 张雅玲:《形体训练对高铁乘务专业学生职业胜任力影响的实验研究》,武汉体育学院 2024 年硕士学位论文。

[72] 郑云:《芭蕾舞基础训练对拉丁舞艺术表现力的影响研究》,哈尔滨体育学院 2019 年硕士学位论文。

[73] 王玲:《四周形体训练对服装表演专业学生运动素质与身体形态的影响》,北京体育大学 2021 年硕士学位论文。

[74] 胡海凤:《普通高校健美操形体教学的内容设计》,湖南大学 2015 年硕士学位论文。

[75] 李林城:《高校健身健美运动训练策略的研究》,四川师范大学 2015 年硕士学位论文。

[76] 徐慧文:《普通高校女大学生形体舞蹈课程设计研究》,福建师范大学 2014 年硕士学位论文。

[77] 胡芳:《健康形体练习科学化探索》,首都体育学院 2012 年硕士学位论文。

[78] 杨丛学:《普通高校体育舞蹈课"1/2 课时形体训练结构"的实验研究》,河北师范大学 2011 年硕士学位论文。

[79] 周敏:《优化形体教学内容对女大学生身体形态及心理健康影响的研究》,武汉体育学院 2009 年硕士学位论文。

[80] 王欣:《形体课对广播学院女生形体改变的积极作用与效果的实验研究》,北京体育大学 2003 年硕士学位论文。

[81] 钟合:《形体美学受欢迎》,《咸宁日报》2023 年 1 月 11 日第 04 版。

[82] 郭艳霞:《形体芭蕾》,《体坛报》2020 年 10 月 15 日第 B2 版。

[83] 于菲:《形体训练展现女性魅力》,《潍坊晚报》2022 年 3 月 8 日第 04 版。

[84] 赵洁如:《形体仪态培训受欢迎》,《南京日报》2022 年 9 月 1 日第 A06 版。

[85] Ao J, Xiang Y, Vien C, et al. "The Effect of Body Shape and Swimsuit Type on the Comfort of Chinese Women Wearing Swimsuits", *Textile Research Journal*, Vol.93, 2023.

[86] Qige G, Qing P, Jiying D. "Advances in the Research and Application of High-intensity Focused Electromagnetic Technology for Fat Apoptosis and Body Shaping", *Chinese Journal of Plastic and Reconstructive Surgery*, Vol.4, 2022.

[87]Souza D M, Oskinis S, Stelmo C D I, et al. "Physical activity for body shaping as a traumatic event?", *Neuropsychiatrie de l'enfance et de l'adolescence*, Vol.72, 2024.

[88]Arun K, Kumar R M, Deepak S, et al. "Structural parameters of Wrench – C shape building using CFD", *International Journal of Construction Management*, Vol.24, 2024.

[89]Michael J. Rubin. "Aquinas on Bodily or Sensible Beauty." *Proceedings of the American Catholic Philosophical Association*, Vol.94, 2020.